基于三螺旋理论的企业技术协同创新风险测评及控制研究

佟林杰 著

燕山大学出版社
·秦皇岛·

图书在版编目（CIP）数据

基于三螺旋理论的企业技术协同创新风险测评及控制研究 / 佟林杰著.—秦皇岛：燕山大学出版社，2022.5

ISBN 978-7-5761-0213-0

Ⅰ. ①基… Ⅱ. ①佟… Ⅲ. ①企业创新—研究 Ⅳ.①F273.1

中国版本图书馆 CIP 数据核字（2021）第 138302 号

基于三螺旋理论的企业技术协同创新风险测评及控制研究

佟林杰　著

出 版 人：陈　玉
责任编辑：王　宁
封面设计：刘韦希
出版发行：燕山大学出版社 YANSHAN UNIVERSITY PRESS
地　　址：河北省秦皇岛市河北大街西段 438 号
邮政编码：066004
电　　话：0335-8387555
印　　刷：英格拉姆印刷(固安)有限公司
经　　销：全国新华书店

开　　本：700mm×1000mm　1/16　　印　　张：12　　字　　数：200 千字
版　　次：2022 年 5 月第 1 版　　印　　次：2022 年 5 月第 1 次印刷
书　　号：ISBN 978-7-5761-0213-0
定　　价：48.00 元

目　录

第 1 章　绪　　论

1.1　研究背景与研究意义

1.1.1　研究背景

随着第三次科技革命基本完成，全球经济的发展在以互联网、电子信息以及微电子产业为主要代表的产业推动下飞速发展，尤其进入 21 世纪以来，由于各国经济发展的资源有限性，市场经济发展所需的各项要素资源迫切需要在不同国家和地区之间自由流动，因此，全球经济一体化和经济全球化的趋势呼之欲出。在上述经济背景下，企业如何有效利用来自全球范围内自由流动的生产要素资源，将其面临的国内外竞争压力转化为企业技术创新和持续发展的动力是其最为关注的问题。从我国企业发展现状看，信息技术革命促进了企业间商业和技术信息透明化和公开化，但同时也极易引发企业技术创新信息外溢、企业技术创新能力滞后以及企业间同质化竞争不断加剧等问题，无形中降低企业的市场竞争优势和可持续发展的能力。在上述背景下，企业能够获得市场竞争优势和持续发展动力的关键在于创新，正如美国管理学大师彼得·德鲁克所说："企业发展的关键在于创新，企业之间的市场竞争力的强弱其本质源于企业创新能力的高低。"对于企业而言，创新体现在企业生产、管理以及运行的各个环节，具体包括包括管理创新、理念创新、组织文化创新以及技术服务创新等多个方面，任何环节的创新都有可能会促进企业的飞跃式发展，同样，由于各环节之间的关联性，任何创新环节的滞后或风险都必然会对其他环节造成影响和威胁，甚至有可能会导致企业的破产或消亡。

企业技术创新的重要性和必然性主要体现在两个方面：一方面，企业技术创新进入瓶颈期。在当前的国内外经济市场环境下，传统工业企业的规模效益优势已经不复存在，企业必须由重数量向重质量转变，不断提升企业工业产品的技术附加值。从国内外企业和产业发展的实践可看出，任何在产业链中掌握核心技术的企业都将在产品市场利润份额中占据最大的比例，以美国苹果公司为例，由于其掌握着包括 iPhone 和 iPad 等在内众多产品的核心技术，因此其可以在产品销售中获取最大份额的利润。以销售一部 iPhone 为例，美国苹果公司所获得的利润比例为 58.5%，而同样为手机产业链的富士康代工公司从中获取的利润仅为 0.5%。在这样的产业环境下，一方面，企业生产、营销以及服务等方面的同质化趋势导致企业无法获得差异化的竞争优势，最终导致企业经济发展战略目标实现路径受阻；另一方面，企业技术创新投入-产出的比例呈现持续下滑趋势。由于信息技术革命以及先进企业管理理念的双重影响，企业技术创新的基础愈发成熟，企业技术创新的难度和成本也逐步降低。但是，技术创新资源的稀缺性不仅增加了企业技术创新的成本，而且在很大程度上限制和制约了企业技术创新的成功概率，因此，企业技术创新要由“独立”向“协同”转变。

然而，企业在技术协同创新的过程中由于各协同创新主体间管理体制、组织文化以及战略目标等方面的差异性，不可避免地会出现各方面的矛盾和冲突，从而影响技术协同创新效率和效果。以产学研协同创新为例，我国产学研协同创新主要存在各创新主体间信用机制不健全、协同创新资金渠道不畅通、利益分配机制不完善、风险分担不合理、协同创新成果存在知识产权纠纷以及技术协同政策的执行乏力等多方面的问题，如何对企业技术协同创新风险进行有效测评并在此基础上构建有效的控制模型并提出策略是当前技术协同创新过程中亟待解决的问题。因此，特选定“企业技术协同创新风险测评与控制机制研究”进行应用基础研究，拟从理论和实践两个层面对企业技术协同创新风险的形成机理进行分析，从政府、企业以及高校科研院所三个维度构建了企业技术协同创新过程中关键风险因素指标体系，并以此为依据进行企业技术协同创新风险的测评及决策研究。

1.1.2 研究意义

从国内外协同创新实践发展来看，技术协同创新多为企业内部形成的技术思想和技能的分享机制，是各协同创新参与主体在愿景和目标一致的前提下以现代信息技术为基础搭建技术协同创新平台并进行全方位、多样化的协同创新合作。协同创新能够有效提高企业技术协同创新的效率和水平，同时由于协同创新主体在组织结构、战略目标以及组织文化等方面的差异性，在协同创新过程中极易诱发各类风险的发生，如何对协同创新过程中的风险有效识别、测评和控制是本书所研究的重点内容。本书研究的主要意义具体体现在两个方面：

（1）理论意义。本书研究理论意义主要体现在三个方面：首先，丰富了技术协同创新风险测评和风险决策的研究方法。基于可拓物元模型对企业技术协同创新风险的测评模型研究对于增强技术协同创新风险管理领域研究方法的科学性和研究结论的可靠性有重要的推动作用。其次，拓展了技术协同创新风险管理的研究范畴。传统协同创新研究主要集中在产学研或产学研用等方面，政府仅作为支撑或辅助的角色出现，而本书以三螺旋协同创新理论为基础，将政府协同创新地位提升至与高校和企业相同的层次，不仅拓展了企业技术协同创新风险的研究范畴，而且推动了企业技术协同创新风险管理理论的发展。最后，完善了技术协同创新风险指标体系。本书对技术协同创新风险因素的分类和筛选以及关键风险指标体系的构建，对相关类型的评价指标体系的构建具有完善和补充作用，有效弥补了现有企业技术协同创新评价指标体系中风险管理理念不足的问题。

（2）现实意义。本书研究的现实意义主要体现在三个方面：首先，从宏观层面看，企业技术协同创新风险的测评与决策优化的研究能够有效地降低和预防以企业、政府、高校为主导的三螺旋协同创新主体在技术协同创新过程中可能产生的风险或采取有效措施将创新风险限制在可控的范围内，从而保障技术协同创新活动的开展以及技术协同创新目标的顺利实现。其次，从中观层面来看，有利于降低企业技术协同创新的投入风险，提高企业内部的风险管理能力和水平。本书的研究出发点是对企业主导的三螺旋协同创新系统风险测评研究，研究的客体是技术协同创新项目和过程中风险因素识别和测评，虽然与企业技术创新风险的识别和测评在指标体系和测评方法上存在一定的差异，但是本书的研究思路和研究结论对企业技术创新和内部风险的识别和预防仍然有较大的借鉴和参考价值。最后，从微观层面来看，技术创新风险的识别和测评对于有效地降低和预防技术协同创新过程中的风险因素具有重要的意义，能够保障技术协同创新项目的顺利开展和实施，能够提高企业技术协同创新的效率，降低企业技术协同创新的投入成本，最终实现企业技术协同创新的预期目标。

1.2 国内外研究现状

1.2.1 国外研究现状

1.2.1.1 技术创新理论研究

1.技术创新概念界定

Joseph Alois Schumpeter（1912）首先提出并使用“创新”概念，他在代表性著作《经济发展的理论》一书中提出“创新”并对其内涵进行了初步界定，他指出：“创新是构建全新的生产函数的过程，是企业家对生产要素和条件的重新组合的过程，具体包括新产品、新市场、新工艺、新材料来源渠道以及新组织等五个方面的内容。”同时，在该著作中地还重点强调维持经济发展的均衡并不是经济学研究的重心，相反应该尽量打破经济市场的均衡局面，因为打破均衡的过程本身就是技术创新和进步的过程，因此，从该层面来看，企业技术创新本身兼具技术属性和经济属性[1]。J. L. Enos（1962）在对石油工业创新的研究过程中对技术创新的概念进行了明确界定，他在其研究成果《石油加工产业的创新》中指出：“技术创新不是单一行为使然，而是多种行为作用的综合结果，主要包括创新方向的选择、技术创新资源的投入、技术创新规划和目标的制定、技术创新团队和人员的选择以及技术创新应用市场的开拓，等等。”[2] G. Lynn（1965）独辟蹊径地以创新的时间周期维度对技术创新的内涵进行了概括，他指出企业技术创新的逻辑起点是技术创新所能够创造的经济利益及其商业潜力，而技术创新的终点则是创新技术的应用及商品化。同时他还指出，企业的技术创新互动是持续性的，而不是阶段性的[3]。除此之外，R. Musese[4]（1985）、C. Freeman[5]（1997）以及V. K. Naryanana[6]（2001）等都从不同的学科研究视角对技术创新的概念进行了研究和界定，在此不再一一赘述，详见表1-1。

表1-1　技术创新的概念界定

Table 1-1　The concept of technological innovation

学者或研究机构	时间	技术创新概念
J. A. Schumpeter	1912	将全新生产要素和条件进行组合引入企业生产体系的过程和活动。
J. L. Enos	1962	技术创新是创新方向的选择、技术创新资源的投入、技术创新规划和目标的制定、技术创新团队和人员的选择以及技术创新应用市场的开拓等多种行为综合的结果。
G. Lynn	1965	企业技术创新的逻辑起点是技术创新所能够创造的经济利益及其商业潜力，而技术创新的终点则是创新技术的应用及商品化。
NSF	1976	技术创新是将新的或改进的产品、过程或服务引入市场。
R. Musese	1985	企业技术创新指创意理念和思维模式成功转化或应用且对企业生产效率、产品质量以及营销等任一方面具有重要促进作用的非连续性事件。
OECD	1992	技术创新包括新产品、新工艺、技术组织以及金融商业等方面的一系列变化。
C. Freeman	1997	弗里曼从系统论角度出发，将技术创新视为企业在进行新产品或新技术研发和引进过程中所涵盖的技术规划、技术研发、产品生产以及组织管理等一系列活动和行为的总和。
V. K. Naryanana	2001	他认为技术创新是企业在利益诱惑和顾客需求的双重推动下，通过一系列创新行为和活动最终获得企业技术突破性进展的过程。

2.技术创新主体的研究

Joseph Alois Schumpeter（1942）在《资本主义、社会主义与民主主义》一书中对原有的创新思想进行了深化和发展，重点提出企业在技术创新中的主体作用，并指出技术创新能够大幅度提高企业的市场竞争力[7]；Abernatby W. J.和 Utterback J. W.（1978）从创新类型视角将企业创新主体划分为产品创新和渐进型创新两种类型，其对企业创新主体的划分并未超越企业的范畴，仅仅是企业规模大小的不同而已[8]；Maideque M. A.（1980）认为企业中勇于承担风险且具有高度责任心的管理者在企业技术创新过程中担负着重要的角色，他同时指出成功的技术创新需要技术、管理以及创业等不同层面角色的特定组合[9]；G. Pinchot Ⅲ（1986）通过对杜邦公司等的实际调查提出“内企业家”（指存在于企业内部具有创新性思维且勇于突破禁锢创新的正式体制的个体或团体）的概念，他指出企业内部的技术创新主要依赖于内企业家，他们是决定企业技术创新成败的关键因素[10]。

3.技术创新理论与模型研究

Solow（1956）在《技术进步与总生产函数》一文中构建了索洛增长模型，并根据美国制造业 1909—1949 年间的投入-产出数据推算出技术进步对于企业的经济增长的贡献率达 88%[11]。Paul Romer（1986）在其著作《收益递增经济增长模型》中构建了企业内生经济增长模型，他将企业技术创新的原因归结为企业内部经济增长等内生变量的变化，在该企业内生经济增长模型中，他将企业生产划分为研发部门、半成品生产部门以及成品生产部门，并指出技术研究部门是企业经济增长的核心和源泉[12]。Mansfield（1961）在《技术变革和模仿率》中研究了 4 个行业的 12 项新技术存在类似的“S”形新技术采纳过程，证实技术扩散速度与所采纳的新技术的盈利率呈正相关的关系，并得出行业集中度越低的技术扩散得速度越快。他的理论研究填补了 Joseph Alois Schumpeter 创新理论在技术创新与模仿之间关系的研究空白，推动了技术模仿与技术扩散理论的发展。但是由于其理论假设与现实相距甚远，因此导致其理论研究的应用价值偏低[13]。Kamien M. I.和 Schwartz N. L.（1970）对创新的资源配置进行了深入的研究，他们在《创新的资源配置》著作中明确指出：“在不同的市场竞争环境下创新的积极性和成功率是迥然不同的，其中相对于垄断市场环境而言，开放自由的完全竞争市场环境更有利于创新活动的开展，同时创新活动所需资源也能得到有效的优化和配置[14]。” Nelson R. R.和 Winier S. G.（1982）

提出并构建了技术创新的演化模型，他们尝试从理论层面对技术创新与经济学理论的融合方式、存在问题以及解决途径进行系统研究，并在此基础上明确企业技术创新的演化性质。为了实现上述研究目标，他们拓展了企业技术创新系统的外延，将与技术创新相关的经济活动、组织管理、技术创新以及沟通协调等机制进行整合研究，最终得出结论如下：企业技术创新系统内各元素间的关系是自然融合的结果，企业技术创新系统会沿着特定的路径演进，而演进路径同时依赖于企业技术、制度环境和结构的稳定性和持久性[15]。Anderson 和 Tuslunan（1990）的技术变革与循环模型，他们认为技术创新总是处于技术间断—渐进式技术变革—技术间断的技术变革循环之中，而技术变革时期的主要分界点是技术间断的主导设计[16]。

1.2.1.2 技术创新风险管理研究

1.对企业技术创新风险因素分类的研究

Myers（1978）在对 200 个技术创新失败案例进行研究分析的基础上，以概率统计和危害程度为标准，将影响企业技术创新的要素划分为技术研发风险、市场风险、企业管理因素、资本和经济因素、政策环境因素以及知识和专利因素，等等，其中影响技术创新的技术研发风险比例为 11.5%，市场风险为 27.5%，其余的风险因素按影响程度依次为企业管理因素、资本和经济因素、政策环境因素以及知识和专利因素等。此外，他在研究中还发现技术因素并非影响技术创新的唯一因素，市场因素、环境因素等也可能成为影响企业技术创新失败的主导因素[17]。Freeman（1982）从风险因素的积极影响角度对技术创新成功企业的共性进行统计分析研究，通过研究发现：企业所面临的社会环境因素和市场环境因素对于技术创新的成败具有重要的影响[18]。Smith（1999）认为企业在技术创新的过程中如出现偏离技术创新计划的行为则必然存在技术风险，如果企业达到技术创新计划的要求但却不能成功进行商业转化时必然会引发市场风险[19]。R. Mueser（1985）构建了企业创新风险管理三维框架，以此框架为基础对企业风险管理策略与企业技术创新绩效之间的关系进行实证分析，结果表明：企业风险管理策略所关注的诸如技术风险、组织风险以及市场风险等与企业技术创新绩效间存在必然的联系，科学合理的企业风险管理策略能够有效地提高企业技术创新的成功率[20]。

2.技术创新风险评价研究

西方学者对于技术创新风险评价的研究大致可以归纳为两种类型：第一，基于投资风险视角的技术创新风险评价[21-22]。主要包括概率法、方差法、平均值-均方差法以及均方差-损失法四种技术创新评价方法和模型。第二，企业技术创新风险的综合评价[23]，哈特体系和安索夫模型是比较典型的企业技术创新综合评价方法。哈特体系需要同时考虑最高销售额、净利润、技术研发成功概率以及技术研发成本等因素，并结合项目指数值的函数公式进行计算；安索夫模型所考虑的风险因素包括风险收益指数、技术优势指数、商业优势指数、技术创新成功概率、商业转化成功概率、投入成本、技术创新设施的分摊费用以及技术创新与企业发展战略的契合度等。

3.对技术创新风险控制的研究

H. W. Heinrich（1936）通过对20世纪20年代美国工业事故原因的研究发现，导致事故的风险因素80%是由于工人不安全行为所致，他在著作《工业事故预防》中对行为的连锁效应进行了重点研究，并提出多米诺骨牌理论。此外他还指出企业应该不断加强内部安全规章制度的制定、牢固树立员工的安全和风险意识，从而降低由于人为因素所导致的风险行为的发生概率[24]。Cooper（1991）通过对企业产品创新的风险问题进行研究，指出通过对企业内部环境及相关知识信息的收集对企业技术创新风险控制有潜在的支持作用，但是目前大部分企业管理者并未意识到这一点，Cooper以利益和风险平衡为基础提出了一种基于知识的技术创新风险管理方法[25]。Sommer和Loch（2004）认为由于企业技术创新过程中众多的不确定性因素的影响，企业通常会采取两方面措施处理技术创新风险问题：一方面，企业通过实践和学习对既定创新目标进行调整和完善；另一方面，企业实施多种技术创新方案并从中进行最优化选择[26]。D. A. Weaver提出TOR系统（作业评估技术系统），后由D. Petersen（2005）发展为五项风险控制原则和八类管理失误。五项风险控制原则包括危险和意外、可辨和可控、目标管理、责任明晰以及灵活性等，八类管理失误分别为不适当的教导与训练、工作环境紊乱、责任的划分与赋予不明确、不适当的工作计划、权责不当、个人的工作失误、监督不周以及不当的组织结构设计[27]。

1.2.1.3 技术协同创新研究

1.企业技术创新内部的协同研究

Saxberg 和 Slocum（1968）通过研究发现，企业中部门间工作人员专业知识背景的差异性是导致技术研发部门和市场营销部门间协同性较差的主要原因[28]；Wheelwright 和 Clark（2002）也在研究中发现不仅不同职能部门间的员工由于知识和专业背景的差异而产生不协同现象，而且同一部门内部不同岗位员工由于学历层次、教育背景以及社会地位等的差异也会对内部协同效果产生重要的影响[29]；Ashok（1985）等学者通过实证分析揭示了技术研发和营销部门间的关系，对于企业职能部门间协同关系的理论研究而言具有开创性的意义；Norton（2001）分别列出六种研发部门和营销部门所需参与的非本部门的活动和工作内容，并列出两个职能部门间需要共享的五类信息，并通过这 17 项指标对技术研发部门和营销部门之间的协同关系进行研究[30]；Koberg（2004）等在前期研究的基础上，以五分法为基础对企业各职能部门间的协同机制进行评估，得出结论如下：企业内部各职能部门间的协同机制与企业的突破性和渐进性技术创新间呈正相关的关系[31]。

2.企业技术创新要素之间的协同研究

Miller（1982）提出组织和技术要素的协同可从宏观和微观两个维度进行解析：宏观层面的组织和技术要素协同指的是在企业技术创新的过程中应该建立灵活的组织机制，为技术协同创新提供足够的整合空间。对于中小企业需要依赖非正式结构进行技术协同创新，而对于大型企业需要以跨职能部门的组合完成企业内部的技术协同创新。微观层面的组织和技术要素协同指包括企业内外部环境、企业组织、学习能力以及决策水平等在内的所有组织要素对企业技术创新的支持和促进效用[32]。Dyer（2003）指出，企业发展战略是企业发展的指导原则和总体纲领，企业技术创新的预期效果和既定目标能否实现主要取决于企业技术要素与战略要素的协同程度[33]；Myerson 和 Hamilton（2005）通过对企业文化和技术匹配问题的研究，提出了促进企业文化与技术创新相匹配的 5 项原则，主要包括明晰的企业战略、企业高层的重视和参与、组织变革、企业员工的重组以及企业领导的践行等 5 个方面[34]；Tushman 和 O'Reilly（1996）通过对企业内部技术创新要素协同的研究发现，不断增强企业战略、组织结构、个人能力、企业文化以及企业技术创新操作流程之间的协同性能够有效地提高企业技术创新的成功概率[35]。

3.三螺旋协同创新研究

Leydesdoff 和 Etzkowitz（1996）在继承前人创新思想和理论的基础上提出了三螺旋创新理论，从两个维度对三螺旋协同创新的动力机制进行分析。一方面，横向循环机制，指高校、企业和政府之间形成协同创新资源自由流转、协同创新信息共享交流以及技术协同创新项目开发等无定向循环网络，三个协同创新主体间以及三协同主体两两之间并没有非常明确的循环界定；另一方面，协同创新纵向演化机制，指各创新主体要保持自身的独立地位，横向的循环机制倾向于整合各创新主体的资源，而纵向演化机制则能够保证各独立主体不被其他主体所取代，从而促进三螺旋协同创新系统内部量的积累和质的飞跃，从而不断促进协同创新系统的螺旋式上升和进步[36]。Butcher（2003）以新西兰地震工程技术协同创新为案例，对技术协同创新的影响因素及各因素之间关系进行了研究，以 CRC 比较模型为基础，对三螺旋协同创新影响因子进行评估，最终得出如下结论：系统的有效运转和经济市场状况是影响协同创新的关键因素[37]。Terry Shinn（2011）综合文本分析和元计算的数据挖掘方法，对与技术协同创新研究相关的空间、人员以及地理位置等因素进行深入挖掘，并对各因素之间的关联性进行了深入分析，同时他还指出，该研究方法本身存在系统性不足的局限性[38]。Fu-Sheng Tsai（2011）以台湾企业孵化经验进行归纳和总结，并结合三螺旋协同创新理论对台湾地区未来的协同创新政策进行预测和探讨[39]。

1.2.1.4 协同创新风险的研究

1.协同创新冲突的研究

Cyert 和 Goodman（1997）以校企协同创新面临的“两难困境”分析为基础，对校企协同创新过程中的冲突行为进行了归纳分析，具体包括：第一，协同创新中的机会主义行为，其形成的主要原因在于校企之间的信息共享程度严重不足导致的校企之间为了获取更多的利益分配而承担最小的协同创新风险倾向。第二，协同创新过程中的信息不对称现象，主要表现在技术协同创新供给方和需求之间的信息不对称冲突，从而为协同创新成果的价值评估造成了阻碍。第三，协同创新管理机制的冲突。由于校企之间的文化和管理制度的差异性，在协同创新过程中如何实现有效的协同创新管理是校企协同创新双赢的关键因素[40]。Chung Jen Chen（2003）通过研究证实环境因素和合作伙伴的选择特性对协同创新冲突的有效解决有积极的促进作用。同时他还指出，在动态复杂环境下，协同创新主体方企业趋向于选择基于契约的协作模式，而在相对宽松的环境下，企业倾向于选择基于信用和公平的协作模式[41]。

2.合作创新风险的研究

Harrigan（1988）在对 880 家合作联盟组织进行调查研究后发现：以投入-产出比为标准衡量，在合作联盟组织中占 45%比例的合作组织取得了成功，其中 60%的合作联盟组织合作时间大于或等于 4 年，而合作超过 10 年的联盟组织仅为 14%，由此可见，时间和合作效益是合作联盟组织的形成与发展的主要风险因素[42]；Leverick 和 Bruce（1995）在对英国 106 家信息通信企业的调查和研究的基础上指出，40%以上的通信企业合作创新的时间成本、资源投入以及风险成本均要高于独立创新[43]；C. Marxt，A. Staufer，A. Bichsel（1998）在对 400 家工业企业的问卷调查统计结果显示，仅有 25% 的工业企业与供应链上下游企业进行合作创新，仅有 9%的工业企业选择与同行业竞争对手进行合作创新，而高达 40%的企业管理者对合作创新持否定态度。由此可见，企业管理者的合作理念、合作伙伴的竞争威胁以及企业合作创新的成本投入等都是影响合作创新的主要风险因素[44]。

1.2.2 国内研究现状

1.2.2.1 企业技术创新的研究

我国学者自 20 世纪 80 年代才开始对企业技术创新问题进行研究，经过多年的研究积累，可将现有的研究成果主要集中在企业技术创新绩效、企业技术创新的激励机制、信息反馈机制以及企业技术创新能力等方面，具体体现在三个方面：

1.技术创新激励机制和技术创新绩效的研究

杨建君和李垣（2004）指出，企业的技术创新主体包括企业股东、企业管理者以及企业技术研发团队三个方面，各创新主体间的激励关系和激励机制存在较大差异。企业股东对企业管理者的激励主要体现在物质、能力以及级别等方面；而企业管理者对技术研发团队的激励主要表现在物质激励和环境激励；企业技术研发团队对企业股东和企业管理者的激励主要表现在技术创新绩效和技术创新成果应用两个方面。在上述研究结论的基础上，杨建君和李垣提出了企业技术创新主体的循环激励模型[45]。刘晓敏（2005）以企业管理者视角研究企业治理机制与企业技术创新之间的关系，其研究结论如下：不同的企业治理机制以企业经营管理者为媒介对企业突破性技术创新和渐进性技术创新产生间接的影响[46]。谢风华（2008）对民营企业高层管理团队异质性和技术创新绩效关系进行了深入研究，研究结果表明：企业高层管理团队的受教育水平、职务任期对企业技术创新研发绩效、企业创新技术的应用和生产绩效以及企业技术创新成果的市场推广和营销绩效等都会产生积极的显著影响；而企业高层管理团队的年龄差异对企业技术研发绩效没有显著影响，但是对企业技术创新产品生产绩效和市场营销绩效会产生显著的消极影响[47]。徐亮（2009）以重庆市 116 家企业与竞争者联盟的数据样本为基础，对企业竞合战略与企业技术创新的关系和影响进行了实证分析和研究，结论如下：企业的竞合战略对企业技术创新绩效具有显著的影响，企业间的合作战略对企业技术创新绩效有积极的促进作用，企业间的竞争战略对企业技术创新绩效的影响并不明显[48]。钟和平（2009）等以委托代理理论为基础，建立了信息不对称条件下企业员工冗余技术创新行为的委托代理模型，从理论层面得出企业面临不同冗余情况（冗余不足、过剩和适度）时企业激励机制和条件的最优组合[49]。刘铭（2014）从技术创新过程绩效和结果绩效两个方面构建了企业技术创新绩效评价的指标体系，并以 KDS 公司的技术创新数据进行了实证分析，结论如下：企业技术创新的结果绩效指标中企业技术创新的经济效益明显高于技术效益和社会效益；影响企业技术创新结果绩效的指标因素从高到低依次为企业技术创新管理能力、企业技术创新应用能力以及企业技术创新的市场推广能力[50]。

2.企业技术创新与企业核心竞争力的研究

尹继东（2004）指出，企业技术创新和企业核心竞争力之间是辩证统一的关系，企业技术创新是提升企业核心竞争力的重要途径，企业核心竞争力能够有效地引导和促进企业的技术创新。因此，要提高企业的核心竞争力就必须不断增强企业的技术创新能力，在降低和克服二者制约关系的基础上实现企业技术创新和企业核心竞争力良性互动的螺旋上升发展[51]。李寒蕾（2009）以企业技术创新和企业核心竞争力的关系为切入点，分别从理论和现实两个层面阐释了二者的内在联系，重点对企业技术创新对企业核心竞争力的积极促进作用进行了研究，并构建了企业技术创新和企业核心竞争力的共生模型[52]。封伟毅（2012）以 1995—2010 年间的统计数据为依据，对高新技术企业技术创新对产业竞争力的影响进行了实证分析，结果表明：在企业技术核心竞争力的影响因素中，企业技术研发创新能力的影响明显高于企业技术应用转化能力。同时，企业技术创新环境能够通过企业技术创新能力间接对企业技术创新绩效和企业核心竞争力产生影响[53]。谢言（2013）对企业原始性技术创新的内部动力机制和对核心竞争力的作用机理进行了研究，他指出：企业原始性技术创新对提升企业核心竞争力有显著作用，其创新的根本动力机制来源于企业管理者的青睐和重视，企业技术创新研发资源、企业内部研发投入以及企业外部研发合作关系对企业原始性技术创新具有显著的中介调节作用[54]。张可（2013）通过构建企业技术突破性创新与核心竞争力间的关系模型，对两者之间的内在联系和转化方式进行了详细阐述和分析[55]。张文娟（2013）以华为公司为案例证实持续不断的企业技术创新是企业核心竞争力不断增强的主要和根本动力，同时也是企业稳固其市场地位和份额的重要保证[56]。雷磊（2014）指出，科技型企业的研发人员数量和专利申请数量对企业核心竞争力的影响较大，因此，我国科技型企业要不断加大技术研发资源投入，提高技术研发团队的整体水平以及保持企业专利申请的数量[57]。

3.企业技术创新与制度创新的研究

秦汉锋（1999）认为，马克思主义政治经济学中对技术创新的理论研究从哲学的角度清楚地阐释了制度创新与技术创新的辩证关系，肯定了技术创新对促进社会经济增长的重要贡献[58]。王大洲和关士续（2001）指出，企业技术创新和制度创新良性互动的过程可划分为四个环节，具体包括：第一，企业通过制度安排限定企业技术创新的方向和范围，同时为企业技术创新提供必要的机制保障；第二，随着市场和技术创新环境的变化，企业需要进行特定层次的制度创新进而构建新的制度平台；第三，企业技术创新的产出为企业制度创新提供适度的资源和条件；第四，企业技术和制度创新的互动结果为下一阶段的制度和技术创新清除了制约因素[59]。徐英吉（2007）以熵理论和耗散结构理论为基础，创新性地提出了企业技术熵和制度熵的概念，并对企业不同的技术和制度的创新组合对企业持续技术创新的影响进行了比较研究和分析，并在此基础上推导出企业技术创新和制度创新组合的最佳临界点[60]。蔡乌赶（2012）从协同演化视角对企业技术创新、制度创新以及产业系统的演进路径和机理进行了分析，以福建省软件产业为实证构建技术创新系统协同度模型，从而进一步证实了企业技术创新、制度创新以及产业系统三者之间的螺旋演进关系[61]。

1.2.2.2 技术创新风险管理方面

1.企业技术创新风险因素的类型

吴涛（1999）在对原有技术创新风险因素进行归类分析的基础上，提出了全新的分类方式，具体包括系统风险和环境风险、过程性与非过程性风险以及不同层次的技术创新风险三个方面[62]；周寄中（2002）指出，企业技术创新风险主要包括企业组织风险、技术风险、决策风险、信息管理风险、市场风险、企业文化风险、资金风险以及外部环境风险八种类型[63]；王攀（2013）指出，企业技术创新风险因素的准确识别能够为企业技术创新决策提供科学的依据，通过对中小型制造企业风险因素的归类分析，他认为技术创新风险具体可分为管理风险、生产风险、技术风险、政策风险以及市场风险等五种类型[64]；高昕欣（2014）从决策和过程两个维度对企业技术创新风险进行了分类，其中决策维度风险包括研发风险、转化风险、制造风险和营销风险，过程维度风险包括以技术风险和管理风险为代表的内部风险以及以市场和政策风险为代表的外部风险[65]。

2.企业技术创新风险评价方法和模型的研究

黄继鸿(2005)提出构建集值统计数学模型对企业技术创新风险进行评价，集值统计数学模型的评价方法可以消除不确定或不准确的判断，对多种不同意见进行集中处理，从而有效地减少专家判定中的随机误差，提高评价结果的准确度[66]；陈建新（2007）在参考周寄中对风险因素进行分类的基础上构建了企业技术创新风险因素的指标体系，并构建了基于BP神经网络的企业技术创新风险评价模型，该评价模型方法比较适用于企业技术创新风险环境变动性较大或风险信息搜集不完整的情况[67]；汪新凡（2007）以集对分析理论为基础构建了基于联系数学的企业技术创新风险评价模型并进行了实例验证，其研究结果显示：基于集对分析的风险评价模型能够有效克服基于模糊数学的风险评价模型的弱点，模型评价结果更具有科学性和合理性[68]；包国宪（2010）提出将模糊数学方法与AHP相结合以有效地避免由于模糊信息无法处理而导致的评价结果失真的情况，该风险评价方法借助隶属度专家对技术创新风险因素的比较结果，然后通过模糊向量获得判断矩阵，最后构建企业技术创新风险的AHP模型[69]；宋哲（2010）认为企业技术创新风险因素类型复杂多变，因此可将企业技术创新风险评价系统视为灰色系统，为了厘清各层级指标间的关联性，需要结合ANP和GRAP集成方法构建企业技术创新风险评价模型，从而保证企业技术创新风险评价的科学性和有效性[70]；尹晓菲（2012）在构建企业技术创新风险指标体系并以改进遗传算法为基础确定各风险因素指标权重的基础上，构建了企业技术创新风险评价模型[71]。

3.企业技术创新风险控制的研究

马有才（2000）提出，从提高企业内部技术创新风险管理意识，制订符合本企业的技术创新战略规划，对技术创新项目进行科学论证，建立技术创新风险转移和保障机制以及建立企业技术创新风险快速反应机制五个方面不断提高企业技术创新的风险控制能力[72]；陈红川（2008）从四个方面提出企业技术创新的风险管理策略，具体包括：通过试错法或建立风险分担机制降低企业技术创新风险，建立市场风险的实时监控机制，不断拓宽企业的融资渠道以及构建企业管理风险多举措防范机制[73]；马志强（2008）提出，企业应建立技术创新风险预警系统以降低企业技术创新风险，同时指出，企业技术创新风险预警系统应包括技术创新风险识别子系统、技术创新风险评价子系统、技术创新风险预警和控制子系统以及技术创新风险监动态测子系统四个方面[74]；王海刚（2012）提出，从强化企业内部财务管理以降低企业财务风险、实施技术创新精细化管理以降低技术创新管理风险以及建立市场信息动态监控机制以降低市场和竞争风险三个方面防范企业技术创新风险[75]。

1.2.2.3 技术协同创新的研究

1.企业技术协同创新系统和模式的研究

彭纪生（2000）通过对技术创新的演化进程和规律的分析得出如下结论：现代企业技术创新愈发需要企业技术、制度以及组织文化的协同创新，企业组织文化、制度以及技术协同和匹配度是影响现代企业技术创新成败的关键因素[76]；陈劲（2005）以协同学序参量概念为研究切入点，详细阐述了企业技术创新过程中技术和市场协同创新的必然性。同时指出企业技术和市场的联合创新能够加速技术创新序参量的形成，从而有效地降低企业技术创新风险，完成企业技术创新价值的创造和实现[77]；张波（2010）指出，企业在技术创新时间过程中通过与其他企业、高校科研院所以及政府、金融部门间的技术创新合作而形成多种技术协同创新模式，具体包括校企协作、产学研协作、政产学研协作、产业集聚以及区域创新系统等多种协同模式[78]；辛冲（2011）将企业组织与技术的协同创新关系划分为组织主导、技术主导以及平衡型三种类型，并以医药制造业为例对企业组织和技术相对协同效度进行了测评，结果表明：相对协同效度测评结果能够较为客观和全面地反映企业组织和技术协同度[79]；谢雨鸣（2013）指出，企业的技术创新发展呈现出辅助技术先发和主导技术跃升的特点，在对企业技术协同创新资源和组织模式进行整合分析的基础上将企业技术协同创新模式分为契约型、组织型以及战略型三种协同模式[80]。

2.技术协同创新运行机制的研究

张在群（2013）从产学研协同创新的动力机制、知识转移机制以及风险控制机制三个方面对产学研协同创新的运行机制进行详细的分析和阐述[81]；李京晶（2013）以创新扩散理论、核心竞争力理论以及交易成本为基础，分别从技术协同创新的知识扩散、技术协同创新的核心竞争力以及技术协同创新的交易成本等三个层面对产学研技术协同创新的运行机制进行了分析，并在此基础上提出了相应的改进策略[82]；邱建华（2013）以我国铝业为案例对企业技术协同创新的运行机制进行阐述和分析，他指出：企业技术协同创新运行机制主要包括互动沟通机制、资源整合机制、协同保障机制以及创新激励机制四个方面，并综合运用DEA法和超效率DEA法对企业技术协同创新的绩效进行测评，并在此技术上提出了企业技术协同创新的管理策略[83]；张琰飞（2014）对产学研技术协同创新主体间的协同演化博弈进行研究的过程中发现：技术协同创新效应的实现要降低技术研发主体间的协同成本，不断提高技术协同的附加收益，同时避免机会主义的威胁。而政府作为产学研技术协同创新的外部力量，其政策的导向性和持续性能够增加技术协同主体的创新的主动性和紧迫性，从而有效地促进产学研实质协同创新的开展和进行[84]。

3.三螺旋协同创新理论与技术创新和转移的研究

以三螺旋为基础的官产学合作模式研究首先需要理顺政府-大学-产业三者之间的关系，同时明确如何能加强官产学合作中的各螺旋线的作用[85]。陈红喜（2009）以三螺旋理论为支撑分析大学-产业-政府之间的互动关系，提出政产学研合作模式应重点发展[86]；边伟军、罗公利（2009）指出科技企业孵化器和官产学联盟是三重螺旋发展到组织阶段两种典型的官产学合作创新模式[87]；徐珏、于丽英（2010）以产业集群层面下官产学三重螺旋关系为研究对象，分析产业集群成长过程中的官产学三螺旋关系的演变特征，并比较硅谷和张江产业集群发展中三重螺旋关系的演变，明确如何加强官产学三重螺旋关系的紧密度[88]；陈静、林晓言（2008）以技术转移和创业型大学的关系为切入点，在分析美国经验的基础上，指出我国技术转移中政府、技术供给方和需求方存在的主要问题，并基于三螺旋创新理论，分别从大学、政府和产业三个角度提出了技术转移新途径的对策[89]；孙耀吾（2009）提出技术标准化三螺旋结构模型，研究标准化螺旋体上升的路径和动力；并通过TD-SCDMA案例，系统揭示技术标准化的深层机理和规律[90]；饶凯（2012）以三螺旋创新理论的视角，根据我国大学2003—2010年的省级面板数据为依据，通过实证分析，研究了政府研发投入对大学技术转移合同的影响，进一步证明了政府在技术转移和创新中的不可替代的作用和地位[91]。

1.2.2.4 协同创新风险管理

1.产学研协同创新风险的研究

张凌（2010）从产学研协同创新技术风险、市场环境风险、组织管理风险以及政策制定风险四个方面构建产学研协同创新的风险指标体系，并运用模糊评价法对产学研协同创新风险进行评价，结果表明：在影响产学研协同创新的风险因素中技术风险是关键风险因素，其对协同创新绩效的影响最高，其次是市场环境风险和组织管理风险，而政策制定风险对产学研协同创新绩效的影响程度最低[92]；包国宪（2010）等在对产学研协同技术协同创新结果和风险本质进行综合分析的基础上构建了三层次双维度协同创新风险指标体系，并以西安高新区为例对产学研协同创新的风险进行综合评价，分析和计算了各风险指标因素间的相关性，并以此为基础制定了产学研协同创新风险控制策略[93]；胡慧玲（2014）指出，产学研协同创新风险成因主要包括创新目标和组织文化的差异性以及协同创新信息不对称，她提出包括合作伙伴选择风险、市场风险、生产风险、管理风险、财务风险、技术风险以及环境风险 7 个一级风险指标和 25 个二级风险指标因素，并综合运用 AHP 和灰色关联度模型对产学研协同创新进行风险评价[94]；沈云慈（2014）从政府、企业、高校、科研院所以及银行和风险投资机构五个层面分析产学研协同创新风险因素，并提出从道德风险、管理风险、技术风险、市场风险和财务风险五个方面构建产学研协同创新风险指标体系[95]；谈毅（2014）指出我国当前的产学研协同创新存在主体间信用缺乏、协同创新管理机制不完善、利益分配机制不健全以及知识产权归属不明确等多方面问题。在众多影响因素中，影响产学研协同创新机制构架的最关键因素为创新风险-收益的比值较大，因此需要政府的参与和介入[96]。

2.协同知识创新风险的研究

郭韧（2011）从知识来源的复杂性、知识结构的互补性、知识标准的统一性、知识差距、创新主体的异质性、协同的动机和意愿、协同关系的动态性、沟通平台的通畅性、创新能力的匹配、协同成员的学习能力、创新利益的分配、道德风险以及创新环境等12个方面对企业知识协同创新的风险因素进行了深入的分析[97]；刘丽贤（2012）认为供应链协同知识创新风险主要包括客观性、随机性、隐藏性和转化性四个方面的特点，他基于供应链成员的外部环境和内部因素构建了风险评价指标体系，并运用多因素综合评价模型对其进行风险评价，从而为供应链成员知识协同创新风险的预防和控制提供了科学的理论依据[98]；王秀红（2012）指出，组织协同创新知识网络的不确定性主要源于顾客需求的不连续、顾客需求的异质性以及顾客需求的定制性等方面，其在对协同创新知识网络中知识供给和需求进行综合分析的基础上，以质量屋理论为基础构建了组织间协同创新知识网络知识供给模型和逆向知识需求模型，明确了组织协同创新知识网络中知识供给和需求的内在规律和动态变化[99]。

3.协同创新风险分担和控制机制的研究

李霞（2008）提出“投石效应”并对其概念进行界定，针对协同创新利益分配与风险分担脱离的问题对Shapley值进行修正，在此基础上提出了全新的协同创新利益分配方法，有效提高了协同创新利益分配的科学性和可行性[100]；陆立军（2009）将产业集群协同创新风险划分为搭便车风险、囚徒困境风险以及技术锁定风险三种类型，而如何有效避免上述三种风险除了不断完善协同创新风险管理制度等正式风险控制机制之外，集群企业还应不断拓展以创新网络为基础的非正式风险控制机制[101]；杜勇（2014）指出，协同创新主体在协同创新过程中表现出利益共享、风险分担、资源整合以及动态复杂性等特点，同时在对协同创新过程中存在的道德风险、协调风险、产权风险、环境风险以及技术风险等进行深入分析基础上，提出从实施协同创新项目市场价值跟随计划、建立完善的知识产权内部管理制度、建立实时动态的信息沟通协调机制、设立独立于参与企业的协同创新基金、建立多元化的协同创新技术风险投资主体以及完善政府和社会对协同创新的风险补偿机制六个方面构建协同创新风险控制机制[102]；李林（2015）基于合作博弈中的Shapley值法构建了协同创新风险分担模型，对投入机制风险、招投标风险、市场风险以及信息泄密风险等20 项风险指标进行排序，并根据协同创新主体的风险承受能力大小进行风险分担，此种风险分担方法能够有效提高协同创新主体间的稳定程度，减少协同创新过程中不必要的资源投入和资源浪费等行为的发生[103]。

1.2.2.5 三螺旋创新理论应用研究

我国学者对于三螺旋创新理论的研究主要可以归纳为两类，第一类是单纯引进和介绍西方的三螺旋创新理论，这一类我们称为三螺旋创新理论的元研究；第二类是在国外三螺旋理论的基础上针对我国实际情况进行的本土化研究。

1.三螺旋创新元理论研究综述

我国最早出现三螺旋这一词汇要追溯到2000年，薛澜在《中外科技信息》上的文章中提到三螺旋，这可能是人们在中文学术文献中首次看到“triple helix model”，在2000—2004年，我国三螺旋创新理论的研究几乎停滞不前，自2005年开始，三螺旋开始被系统引进和研究，自此，国内对于三螺旋的研究不断升温。

（1）三螺旋基础概念和理论的研究

方卫华（2003）在其文章中指出：在西方，人们已经看到曾经是分离的三个领域的趋同和交叉现象；三螺旋模式试图揭示和精确描述在创新系统中正在出现的制度力量的新结构，方卫华首次系统地阐释三螺旋的公共政策含义以及其三螺旋要求新制度结构安排的本质和各方关系不断转变的特征，指出三螺旋也涉及对创新过程的动力学解释。只有三螺旋模式才是足够复杂，能够涵盖在国家和地方层次上可观察行为的不同种类。

周春彦（2005）对于三螺旋主导社会的可行性进行了初步的分析，对三螺旋的核心概念政府-大学-产业三者的关系进行了简单的介绍。随后在2006年，在其翻译出版的《三螺旋：大学、产业、政府三元一体的创新模式》一书中，系统地介绍了三螺旋创新理论。她在《三螺旋》一书的书评中提到如何实现自主创新，实现自主创新的关键和前提是什么，并指出组织创新和技术进步对于创新流动的重要性。此外，还从创业型大学、风险资本、孵化器运动等方面来系统地阐释三螺旋创新理论。

（2）三螺旋创新发展理论的研究

周春彦（2006）和埃茨科威茨合作发表与创新三螺旋相对应的可持续发展三螺旋的观点，使三螺旋理论由单一的创新三螺旋发展为创新三螺旋与可持续发展三螺旋并存的双三螺旋理论体系，从而否定了引入第四螺旋模型的可能性。周春彦和埃茨科威茨合作首次提出大学-公众-政府可持续发展三螺旋及双三螺旋耦合作用理论体系，并基于非线性理论模型和三螺旋场、三螺旋循环概念对创新三螺旋进行了诠释。周春彦（2008）基于非线性网状创新模型提出的“三螺旋场”和“三螺旋循环”概念，进一步推进了三螺旋创新模式的理论研究。王成军（2006）研究了三螺旋的主要内容及国际会议情况，并通过中外三重螺旋计量比较研究，重点介绍了国外三螺旋研究的计量方法。

2.三螺旋创新理论本土化研究综述

三螺旋创新理论产生的背景和适用的环境存在着很大的关系，因此，国内对于三螺旋创新理论的研究不能仅停留在对国外理论的解释和引进上，而应该进行二次创新，将三螺旋创新理论本土化。所谓本土化研究就是依据我国的基本国情，从政府-大学-产业三者的关系出发，不断调整和完善三螺旋理论的适用性。

从政府的角色定位来看，在三螺旋创新理论中，政府起着协调者的角色和地位。任锦鸾、陆剑南（2004）在“复合三链螺旋创新系统模型研究”中提出“复合三链螺旋创新系统模型”，将政府看作是产学研相互作用之外的机构，而不是“独立创新主体”，更符合中国国情。蔡翔、王文平、李远远（2010）指出，由于中国的特殊国情，短期内“强政府”在创新体系发展的推动方面仍然具有积极的意义。但是，随着大学、产业等创新主体的主体地位提升，政府职能需要随之转换。政府需要找准自己的角色定位，把握创新发展的方向，逐步减少国家在微观和制度层面上塑造国家和区域创新行为的轨迹和方向，从而促进大学-产业-政府之间的互动在纵向和横向两个方向上深度拓展，这将是我国政府面临的重要课题。

从大学的角度来看，三螺旋创新需要有创业型大学为智力支撑，文晓灵（2006）对于我国是否需要创业型大学进行了辩证分析。在其文章中列举了我国国内支持和反对建设创业型大学的不同观点和看法，并进行对比分析，指出并不是每一所大学都适合创业型模式，也不是所有人都同意大学应该起创业的作用。我国国内创业型大学的发展需要适应国际发展的大趋势，但是还必须根据不同类型大学的实际情况决定是否需要发展创业型大学。

我国学者对三螺旋理论进行了本土化的创新研究。刘祖云、严燕（2012）以三螺旋理论为依托，尝试提出“中国国家理论创新的三螺旋模式”，即以政治发动、媒体关注和学术研究为三股力量的理论创新模式。该理论的核心思想是它将具有不同价值体系与功能的政治政策流、舆论传播流与理论信息流融为一体并形成三力合一的态势，从而推动国家的理论创新活动。

3.我国三螺旋创新理论应用研究综述

三螺旋理论在我国的应用研究较为广泛，我国的学者将三螺旋创新理论应用于不用的研究领域。综合我国目前的研究成果和文献，笔者认为我国目前比较有代表性的三螺旋创新理论研究领域主要可以归纳为创业型大学建设、产学研和官产学研究、技术转移和创新以及区域创新发展四类。

（1）三螺旋创新理论与创业型大学建设

南佐民（2004）以三螺旋创新理论为基础，提出了我国创业型大学的实践方式。同时在文章中指出，我国的高等院校在创业型大学在建设中应该承担的角色，应重视高校在生产衍生企业方面的作用。随后，刘元芳、彭绪梅、彭绪娟（2007）以三螺旋理论为基础，重点阐述了创业型大学在三螺旋创新理论中的地位和作用，同时提出要从组织建设、学科和研究中心建设、技术转移和知识产权保护、科技园和高校衍生企业以及创新文化建设五个方面构建三螺旋创新理论下的创业型大学。

由于国家国情与发展的局限性，我国的创业型大学建设不能直接套用三螺旋理论，需要在原有理论的基础上本土化之后再进行创新发展，探索适合我国创业型大学发展的理论模式。龙雪梅、龙泳伶（2009）指出我国的大学不能简单套用三螺旋理论，应该建立我国特有的创业型大学体系。应该从转变观念、提高学术创新能力、建立合理的教师激励和管理制度、加强领导核心建设、创业文化建设以及找准自身定位、合理推进大学创业六个方面构建我国的创业型大学模式。张秀萍（2010）指出我国创业型大学的管理模式需要不断创新，包括创业型大学的目标定位及价值重构、组织结构优化与制度创新和管理机制创新；需要引入政府和产业的外部媒介的作用，形成政府-大学-产业的良性互动机制。

我国在创业型大学建设的道路上面临着诸多的障碍，如何扫清障碍保障创业型大学建设顺利进行是我们必须正视的问题。向春（2008）在阐释创业型大学的组织元素以及动力机制的基础上，提出了我国创业型大学面临着教育产业化和知识产业化所带来的挑战，并指出我国的大学应从加强市场化运作模式和开拓多元化融资渠道两个角度来推动我国创业型大学的发展。黄英杰（2012）指出我国大学人才培养与经济发展不同步，大学毕业生缺乏实践和创新精神，学生就业和创业还存在着相当的困难。同时，我国在创业型大学建设中面临着包括理念的缺失、专业组织机构匮乏、创业文化氛围不足等多方面的挑战。因此，我国应该从变革高等教育结构、发展专业学位、探索产学研结合的新模式、培养创业精神和理念等方面积极应对。

（2）三螺旋创新理论与区域创新发展

以三螺旋创新理论为基础的区域发展需要准确把握政府和高校在区域发展和创新中的地位和作用。吴敏（2006）分析了大学-企业-政府在区域创新系统中的地位和作用，首先从微观、中观和宏观三个层面分析了三螺旋模型下区域创新系统的参与主体的参与过程和内容；其次，论述了基于三螺旋创新模型的政府、大学和产业在区域创新系统中分别所起的作用。胡士强、张云霞（2008）结合三螺旋创新理论比较无锡尚德与贵州微硬盘两个案例，分析了目前我国政府在高新技术产业发展中的作用，并提出应该以隐性三螺旋来定位政府角色。张海滨、陈笃彬（2012）在定性分析高校在区域创新中的人力支撑、知识产出、技术转移支撑和科技平台的基础上结合统计数据，运用主成分分析法对东部7省市高校支撑区域创新贡献度进行实证研究，进一步验证了三螺旋理论中高校支撑作用的合理性和科学性。

在准确把握区域发展中的政府和高校角色定位的同时还要进一步营造三螺旋创新的区域环境和空间。李海波等（2011）指出，三螺旋创新理论更加适合属于中宏观层面的区域创新实践。面对区域创新发展的多元主体，三螺旋创新理论将政府-大学-产业作为三条主螺旋线，三者均是区域创新的发动者、组织者与管理者，彼此相互独立又相互作用，共同形成动态三螺旋，推动区域的可持续创新发展。张博、张守信（2012）和袁宇（2012）以三螺旋理论为基础研究区域产业集群，前者对黑龙江冰雪产业集群的驱动力以及协同作用的增强进行了比较深入的研究，后者基于山东半岛蓝色农业产业集群创新发展的现状及存在的问题对三螺旋模型的互动机理围绕区域创新系统的构建进行了深入研究，两者均是从实证角度出发总结三螺旋在区域发展应用中存在的问题并提出解决的对策建议。

（3）三螺旋创新理论与产学研合作模式

以三螺旋为基础的官产学合作模式的研究首先需要理顺政府-大学-产业三者之间的关系，同时明确如何能加强官产学合作中的各螺旋线的作用。陈红喜（2009）以三螺旋理论为支撑，分析大学-产业-政府之间的互动关系，提出政产学研合作模式应重点发展“组建研发实体”等高级模式，指出要积极争取政府的参与、协同和支持。边伟军、罗公利（2009）认为三螺旋创新模型为官产学建立长期的合作创新提供了理论依据。政府、产业、大学三者除自身传统功能之外，还表现出其他两者的作用，在合作创新研究中三者既有明确分工，在功能上又存在一定的重叠。同时指出科技企业孵化器和官产学联盟是三重螺旋发展到组织阶段两种典型的官产学合作创新模式。徐珏、于丽英（2010）以产业集群层面下官产学三重螺旋关系为研究对象，分析产业集群成长过程中的官产学三螺旋关系的演变特征，并比较硅谷和张江产业集群发展中三重螺旋关系的演变，明确如何加强官产学三重螺旋关系的紧密度。

石火学（2010）认为产学研结合的理想模式是：大学、企业和政府分别成为知识创新、技术创新和政策创新的主体，三者地位平等，彼此既有分工又适度交叉。蔡翔、刘晓正（2012）借鉴雷德斯多夫的三螺旋定量算法，通过2006—2010年广西省的纵向统计分析，以及2010年度沪、冀、辽、川、湘、桂、甘7省的横向统计分析，对其所反映的官产学关系予以研究，进行了官产学之间互动关系的定量规范性研究的初步探索。

（4）三螺旋创新理论与技术转移和创新

陈静、林晓言（2008）以技术转移和创业型大学的关系为切入点，在分析美国经验的基础上，指出我国技术转移中政府、技术供给方和需求方存在的主要问题，并基于三螺旋创新理论，分别从大学、政府和产业三个角度提出了技术转移新途径的对策。孙耀吾（2009）提出技术标准化三螺旋结构模型，研究标准化螺旋体上升的路径和动力；并通过 TD-SCDMA 案例，系统揭示技术标准化的深层机理和规律。柳岸（2011）以中国科学院为案例进行分析，阐述了我国目前适用的三螺旋模型及三要素的角色、关系、相应的模式及存在着短视效应以及自上而下和自下而上的脱节等问题，并提出从明确政府角色定位，构建良好创新环境、设立转化基金，弥补创新链条缺失、创新中介服务体系，以市场指导转移转化等三个方面提升我国技术成果转移的效果和效益。饶凯（2012）以三螺旋创新理论的视角，根据我国大学 2003—2010 年的省级面板数据为依据，通过实证分析，研究了政府研发投入对大学技术转移合同的影响，进一步证明了政府在技术转移和创新中不可替代的作用和地位。

1.2.3 国内外研究评述

纵观我国目前的关于三螺旋创新理论的研究文献，我们可以发现，我国国内对于三螺旋创新的理论和实践研究都有了长足的进步，主要体现在：首先，研究的文献数量不断增加，自 2001 年国内出现三螺旋这一概念以来，尤其是 2005 年之后对于三螺旋创新理论的研究数量呈倍数增长；其次，研究领域的不断拓展，从最初的元理论的引进和阐释，到三螺旋理论应用于创业型大学建设、创新型城市建设、官产学合作、高校就业、区域发展等许多不同的领域；最后，研究方法的不断创新，从王学军借鉴埃茨科威茨的计量模型的方法开始，我国对于三螺旋创新理论的研究方法不断创新，主要包括系统动力学、因子分析和主成分分析等方法。

综上所述，我国三螺旋创新理论的研究确实取得了一定进展，但是对于任何外来的理论的消化和研究都需要时间和过程，尽管我们取得了一定的研究成果，但是，我国国内对于三螺旋创新理论的研究还亟待突破，主要的问题和不足表现在：

第一，缺乏系统性、集成性的研究著作。目前国内对于三螺旋创新理论的研究方兴未艾，但是大部分都集中于元理论的介绍和阐释，往往是鹦鹉学舌，更有甚者将产学研和官产学等同于三螺旋创新理论，缺乏进一步的认识和创新。目前只有寥寥无几的基本学术专著，还未有系统性的研究著作问世。第二，我国目前的研究主要集中在创业型大学的建设、产学研和官产学的合作模式、区域发展、技术转移四个方面，大部分研究比较浅显，提出模型的适用程度无法考证，而且对于设计利益分配、知识产权保护以及制度保障等三螺旋创新环境和空间的研究文章比较匮乏。第三，三螺旋创新研究的本土化不足。虽然我国也有些针对三螺旋的本土化分析和创新，但是总体而言，我国对于三螺旋创新理论与国内实际结合的理论和实践研究还比较滞后，主要表现在两个方面：一方面，三螺旋的元理论指出政府-大学-产业三者相互独立，都可以成为主线，但是在我国的国情下决定了我国政府在三螺旋中将在很长一段时间内发挥主导地位，我国的学者应该从此角度出发对如何发展和创新“强政府”下的三螺旋理论作出努力；另一方面，三螺旋创新理论许多内容都是在美国文化和政治背景下产生和发展的，对于我国不具有完全的适用性，因此，如何协调和加强我国国情下的政府-大学-产业关系是未来研究的重中之重。第四，三螺旋创新理论定量研究不足。国内对于三螺旋创新理论的定性研究文章较多，根据地区实际数据进行分析研究的文章较少，在未来的研究中应该尽量将定性分析和定量分析结合起来，不断发展符合我国国情的三螺旋创新理论。第五，可持续发展三螺旋理论研究的不足。在我国的区域发展和创新过程中，不仅要关注技术创新，同时还要重视生态环境与区域发展的协调性。高新区和孵化器等作为三螺旋创新实践载体不仅担负着区域发展的助推器作用，同时还肩负着协调产业-生态-社会协调发展的重要责任。

从企业技术协同创新风险的国内外研究综述可以看出，近年来，企业技术协同创新风险管理的研究成果无论从质量还是数量方面都有显著的增长，其研究的焦点主要集中在企业技术协同创新风险的评价以及风险识别方面，而对企业技术协同创新风险管理的其他环节则有所忽视。总体而言，企业技术协同创新风险的研究不足之处具体体现为三个方面：

（1）企业技术创新风险研究具有一定的局限性。从现有的研究成果和文献可以看出，无论国内还是国外学者均注重对技术协同创新各类机制的研究，诸如企业技术协同创新的运行机制、风险识别机制以及风险评价机制，等等。虽然对各种风险机制进行构建并对其进行研究是实现协同创新风险有效控制的必要手段，是深入认识企业技术协同创新风险规律的客观内在需要。但是，企业技术协同创新风险的各个机制之间并不是独立的而是相互关联的，因此，需要从系统角度对企业技术协同创新风险进行研究，对各种风险机制进行有效的整合研究，不能仅针对某一环节进行研究，否则其研究结果必然具有一定的局限性，从而导致研究结论的可操作性不足。

（2）风险管理理论与企业技术协同创新管理活动的融合度不足。纵观目前的技术创新风险、合作创新风险以及协同创新风险等方面的研究成果，在风险管理理论与企业技术协同创新进行融合的研究方面，大多数研究成果仍停留在用风险管理理念来分析企业技术协同创新过程中诸要素之间的协调互动关系，而经过发展之后的风险管理理论已经有其完整的理论体系和研究方法，特别是一整套数理研究方法。但在目前的企业技术协同创新风险研究中，很少见到将风险管理理论的数理技术方法应用于对微观企业层面的技术协同创新行为的研究。

（3）企业技术协同创新风险研究的可持续性不足。企业技术协同创新风险管理研究的可持续性不足主要体现在两个方面：一方面，企业技术协同创新风险指标体系的前瞻性不足。从现有的企业技术协同创新风险指标体系构建相关的研究成果可以看出，大部分研究成果对企业技术协同创新的指标选择依旧参考多年前的研究成果且静态评价指标较多，而现在的市场环境和市场形势可以用瞬息万变来形容，因此，大部分研究成果中所构建的风险指标体系对企业技术协同创新风险控制和优化对策的制定参考性和实用性不足。另一方面，企业技术系统创新风险管理研究的系统性不足。从目前现有研究成果看，研究人员的学科背景、理解层次以及研究水平的差异性，导致现有的技术协同创新风险管理往往会陷入千篇一律或各自为政的两个极端，研究的视角、范畴以及成果分布较为分散。很少有学者可以系统性地对风险识别、风险测评、风险传递扩散以及风险控制和优化决策等完整的风险管理流程进行研究。

1.3 主要内容和研究方法

1.3.1 主要内容

本书研究的主要内容体现在五个方面：

第一，基于等级全息模型的风险识别方法，从风险维度和风险变量两个层次构建了企业技术协同创新风险识别模型。

第二，基于构建的企业技术协同创新风险影响关系概念模型假设，以结构方程模型为理论研究方法，经过检验、调整以及修正，最终明确了企业技术协同创新风险要素间的相互作用关系，对企业技术协同创新风险测评、风险决策以及风险控制策略制定有重要的参考价值。

第三，在构建企业技术协同创新关键风险指标体系的基础上，提出了企业技术协同创新风险测评的可拓物元模型。并以河北钢铁集团宣钢股份有限公司与北京科技大学合作的“X1215”环保型易切削钢生产技术开发与应用（简称：X1215）项目进行实证研究。

第四，针对企业技术协同创新项目选择风险和项目实施风险分别构建风险决策模型，并进行了相应的实证分析。

第五，从企业技术协同创新风险回避、风险转移、风险分担以及风险承受四个方面提出企业技术协同创新风险宏观控制策略；从技术协同创新流程和创新主体的双重维度提出企业技术协同创新风险微观控制策略。

1.3.2 研究方法

（1）等级全息建模方法。主要从众多维度或视角展现风险系统的不同内在特征和本质。“全息”指当明确系统脆弱性时，希望通过系统的多视角图像对系统风险源进行辨析；“等级”指的是明确系统不同层面出现的不同问题。

（2）结构方程模型方法。基本原理是通过构建变量的协方差矩阵对各变量间的关系进行分析，利用调查问卷和访谈等形式收集数据和资料，并以此为基础来明确假设的潜变量之间的相互关系以及确定潜变量与显性指标一致性程度。

（3）可拓物元方法。可拓物元理论通过形式化的数学模型研究事物内部要素之间的关系以及事物拓展的可能性规律和方法，同时该学科对于处理冲突和矛盾方面的问题同样具有积极的作用。

第 2 章　企业技术协同创新风险理论

2.1 企业技术协同创新

2.1.1 企业技术协同创新概念界定

协同理论由德国物理学家 Hermann Haken 于 1971 年创立，以系统理论、控制理论以及突变理论为基础，在融合了耗散结构理论、统计学以及动力学的研究方法的基础上，提出了多维相空间理论，并且构建了完整的数学模型[104]。假定存在处于非平衡状态的复杂开放系统且该系统需要与外界进行能量或物质的交换，协同理论主要研究该复杂开放系统如何在无外力作用情况下实现内部自发形成有序结构，具体体现在三个方面：首先，协同效应。由复杂开放系统内部各子系统和构成要素之间相互作用而形成的整体效应称为协同效应。任何复杂系统在外力作用或内部能量聚集到一定临界点时都必然会引发内部子系统的协同效应。其次，序参量。复杂开放系统内部各子系统独立自发地进行无规则运动，但同时也存在由于不同子系统间相互关联而形成的协同运动。子系统的运动由控制参量主导，控制参量包括“快参量”和“慢参量”，而子系统的运用主要取决于“慢参量”。控制参量处于不断的动态变化之中，当控制参量变化接近系统临界点时，复杂开放系统内部子系统间的关联度将逐渐增强。序参量是衡量复杂开放系统质变的主要标准，是子系统介入协同运动程度的集中体现。最后，自组织理论。Haken 以组织的进化形式为标准将组织形成的类型划分为自组织和他组织两种，自发形成的有序结构为自组织，而依靠外力形成的组织为他组织。自组织是系统存在的一种形式，是系统在一定环境易存在和较稳定的状态，相比他组织自组织更符合系统的生存机制。

协同创新的根本动因在于创新需求导向以及创新技术的发展，企业技术协同创新亦是如此[105]。Joseph Alois Schumpeter（1912）指出，创新是通过构建新的生产函数，将新的生产要素和生产技术与原有生产体系进行融合，从而实现生产成本降低、效率提高以及效益提升的最终目标。在复杂多变的市场环境下，企业需要依靠技术协同创新以降低独立创新的高成本投入和高风险，具体体现在两个方面：第一，随着企业技术创新成本投入的增加以及风险系数的增大，如何以最小的风险投入获取最大的利益是各技术创新主体最为关注的问题，而“协同创新”成为各技术创新主体的共同选择。技术协同创新会在各技术创新主体间寻求创新要素和资源的最优配置，最大限度地发挥各创新主体的技术创新优势，从而实现提高企业技术创新的效率以及降低企业技术创新的风险和成本投入，具体体现为企业与供应链成员企业、竞争企业、高校科研机构以及政府等之间的横向技术协同创新。第二，企业提高核心竞争力的必然趋势。面对复杂多变的市场需求，企业必须建立相应的快速反应及应对机制，这就需要企业内部各部门间的全要素协同。此外，为了保证企业技术协同创新网络的正常运行，客观要求各技术创新主体间在组织、管理以及文化等方面实现有效协同。

技术协同创新内涵可从两个维度理解：从宏观层面看，技术协同创新是国家创新系统的重要组成部门，技术协同创新是国家创新系统的子系统之一，同时技术协同创新系统根据承担职能的不同又可划分为四个子系统，主要包括以高校和科研机构为主导的技术理论创新系统、以企业为主导的技术应用创新系统、以教育培训及中介机构为主导的技术创新理论推广系统以及以社会为主导的技术创新检验及反馈系统。要实现和提高技术协同创新的效果就必须实现上述四个子系统的有效协同。除此之外，国家还应不断完善技术协同创新制度环境，促进技术协同创新行为与外部环境、制度以及组织文化的协同。从微观层面看，技术协同创新是各技术创新主体在技术创新过程各环节的协同。技术创新过程主要包括技术协同创新理念形成、协同创新伙伴的选择、协同创新战略目标和规划、协同创新实施和研发、协同创新成果应用和检验以及技术协同创新成果的改进等环节。而各个环节的技术协同创新活动都是以人为媒介的活动，因此，从管理科学的角度来看，企业技术协同创新的成败主要取决于技术协同创新主体间的行为协同，这主要与具体行为主体的价值观念密切相关。而本书也正是基于微观层面的技术协同创新内涵所进行的研究，主要以三螺旋创新理论为基础，从政府、企业及高校科研机构三个维度对企业技术协同创新各环节存在的风险进行一系列研究。

综上所述，本书将企业技术协同创新的概念界定为：为了降低企业技术创新的交易费用、生产成本以及创新风险，以企业为主导的包括政府、企业以及高校科研机构等组织在内的企业技术创新联盟通过各自技术创新优势资源的集中和优化配置，以实现技术创新为最终目标的技术创新各环节的协同过程。

2.1.2 企业技术协同创新主体与环境分析

1996 年，雷德斯多夫和埃茨科威茨在继承前人创新思想和理论的基础上，提出了三螺旋创新理论，并用于研究政府-大学-产业之间的关系，此后，三螺旋创新理论被公认为创新研究的新范式之一。埃茨科威茨在其《三螺旋》著作中给出了三螺旋的定义：所谓三螺旋就是一种创新模式，是指大学-产业-政府三方在协同创新过程中密切合作、相互作用，同时每个主体又都保持着自己的独立地位。

2.1.2.1 企业技术协同创新主体

1.高校和科研机构

高校在新兴的环境中尤其是经济高速发展的社会中扮演着很重要的角色，任何城市的兴起和繁荣都离不开高校的智力支持和经济活动的协调配合。和过去相比，当高校教授被鼓励成为创业的企业家的时候，新一代的高校教师正在不断弥合经济活动和学术科研之间的鸿沟，因此，以知识产权为中心的高校的进化被认为是地区经济发展和繁荣的推进器。部分国家高校已经开始认识到高校“智库”的价值，开始将自己的科研学术成果应用于学术和商业两条不同的道路。然而，大多数国家高校的角色还仅仅停留在传统的结构上，不鼓励甚至阻碍科研成果的商业化以及师生的创业行为，他们似乎担心作为科研和学术活动的高校会被营利性的商业模式和创业风险所“玷污”和践踏。然而，由于高校和产业之间的互补性，真理往往存在于两个极端之间的一个平衡点。商业活动可以为高校的应用科学和理论科学的研究提供必要的资金支持，而高校的智力支持又可以有效地平衡和管理商业活动的利益竞争。因此，所有参与合作的实体，包括高校和商业合作伙伴都将从这种联合之中受益。

2.政府

在三螺旋创新系统中，政府角色已经从产业或大学的双重关系中的公共合作伙伴转变成了三螺旋的参与者，这也使得政府更多地参与到创新活动之中。政府的作用和角色主要体现在三个方面[106]：第一，协调者。在政府作用相对较强的国家，政府对于大学和产业的管理也相对较为严格，大学的科研项目要转化为商业模式运作需要通过政府的批准，政府扮演着支配协调者的角色。在政府作用相对较弱的国家，政府在产业和大学之间充当协作协调者的角色，政府通过制定相关的创新政策和产业将大学和产业紧密地联系在一起，并尽量减少大学和产业合作中的不和谐因素。第二，保护者。政府的保护者角色主要体现在政府在知识产权的分配和建立合法技术转移体系的过程中起着基础性和决定性的作用，政府必须对知识产权的归属以及利益分配作出明确的规定。第三，引导者。一方面，政府积极引导利于区域和国家的企业行为，同时引导大学和科研机构的研究方向和研究重点领域。政府对于企业和大学的引导主要体现为激励和服务两种手段。激励主要是通过鼓励企业进口技术并进行二次研发创新，同时调整政策实行财政科研经费向企业倾斜和高校的应用性科学倾斜，鼓励有条件的企业形成行业联盟，推动行业技术标准联盟的制定和实施，抢占产业制高点。服务指的是政府通过法律法规规范中介机构的行为，为大学和产业的联合打造良好的法制环境和社会环境；另一方面，政府要正确引导公众的行为，通过图片展和培训、讲座等形式来消除公众对于大学固有的刻板印象，营造一种鼓励创业、尊重知识和智力以及成果产权的良好社会氛围，不断提高公众对于大学和产业合作的常态化认识并逐步内化为公众的自觉意识。

3.企业

在公众固有的印象中，企业应该是市场导向型，但在三螺旋创新系统中，企业不仅包括市场导向型，还包括研发导向型和平衡导向型。对于市场导向型企业而言，一般都是进行短期项目的研发和商业运作，长远的科研项目的开展则往往会受到资金、战略、技术等各种因素的困扰和限制。而对于研发主导型企业而言，由于他们开展的科研项目是为了满足政府部门的需要，因此，其最终目的不是将企业不断壮大，而是维持现状。从三螺旋创新的角度来看，国家更需要的是既能够在政府的支持下满足政府的需求，又能够不断进行深入研发、壮大企业实力和规模的平衡导向型企业。换言之，要在企业导向和研发导向中间的某个地方找到一个平衡点，在这个平衡点周围一定的范围内进行产业运作，以此来弥合企业发展和产品研发之间的空隙。

2.1.2.2 企业技术协同创新环境

企业技术协同创新固然需要以充足的资金、技术以及人才等要素的投入为前提和保障，同时也不能忽视创新环境的重要性，企业技术协同创新水平和能力的高低在很大程度上取决于技术协同创新环境的优劣。创新环境是一个综合性系统，从宏观角度看，包括产业结构、市场机制等经济环境，创新意识以及文化积淀等社会环境，科技水平和智力支持等技术环境以及创新政策、创新服务等政治环境。从微观层面看，创新环境主要包括与技术协同创新直接相关的技术因素、市场因素、政策因素以及企业家精神等方面[107]（见表 2-1）。

由于政府承担着社会管理和公共服务职能，因此在培育和优化技术创新环境中政府应发挥主导作用，政府要做好优化服务环境和完善市场环境的工作，为技术协同创新提供适宜土壤，同时还要不断创新管理和服务理念，简化行政审批流程，依法严厉打击侵犯专利权和著作权等各类知识产权的违法犯罪行为，降低企业技术协同创新成本，支持和鼓励与技术协同创新相关的中介组织发展和壮大，主要体现在协同创新信息服务、协同创新技术咨询、协同创新资产评估以及协同创新成果推广等方面。此外，技术协同创新环境的形成离不开舆论的支持和配合，社会和网络媒体要加大对技术协同创新团队和平台的宣传力度，形成倡导协同创新的舆论导向，让技术协同创新成为社会的主流价值观和企业的自觉追求。

表 2-1　企业技术协同创新环境要素

Table 2-1　The environmental factors of enterprise technology collaborative innovation

<table>
<tr><th colspan="2">创新环境要素</th><th>主要内容</th></tr>
<tr><td rowspan="4">宏观要素</td><td>市场经济环境</td><td>提高居民经济消费水平，诱发技术协同创新需求，增加技术协同创新的资金投入</td></tr>
<tr><td>政治环境</td><td>国家政治的稳定性、创新政策的持续性以及技术创新的法治化程度都对技术协同创新的方向和水平有根本性影响</td></tr>
<tr><td>社会文化环境</td><td>社会道德、心理以及价值观等文化因素对技术协同创新的社会认同以及政策制定会产生重要影响</td></tr>
<tr><td>技术环境</td><td>技术创新能力、智力支持以及协同创新能力等对技术协同创新的效率和效果起着决定性的影响</td></tr>
<tr><td rowspan="4">微观要素</td><td>创新政策因素</td><td>政府知识产权政策、技术协同创新的信贷、税收、贸易及产业政策，政府对技术协同创新产品的采购政策等</td></tr>
<tr><td>技术需求因素</td><td>技术协同创新成果的市场需求和应用前景</td></tr>
<tr><td>技术转化因素</td><td>技术交易市场的完善程度对技术成果的转化和应用具有决定性影响</td></tr>
<tr><td>企业家精神</td><td>创新意识、风险意识以及责任意识有助于企业进行技术协同创新决策，有利于调动技术协同创新主体的积极性。</td></tr>
</table>

2.2 企业技术协同创新风险

2.2.1 企业技术协同创新风险的内涵

面对市场需求不稳定、生产成本不断提高以及市场竞争压力不断增大的经济发展环境，企业决策者要走出低价竞争的恶性循环，实现企业的可持续发展就必须引入创新机制。创新是动态发展的过程，贯穿企业发展的各方面，体现为商业模式创新、营销策略创新、技术升级、新产品开发以及新市场开拓等方面。从理论层面来看，企业技术协同创新不仅能够降低协同创新主体的创新成本，而且能够提高技术创新的效率和成功概率；从社会效益来看，技术协同创新是地区和国家技术创新发展的关键和核心环节，在增强和促进我国技术自主创新水平不断提高的同时，对于国民经济增长和国民生活和消费水平的提高有显著的推动作用。同时我们也必须清楚地认识到技术协同创新的效益和风险是并存的。风险管理理论将风险划分为纯粹风险和投机风险两类，纯粹风险指的由于不可抗力诸如地震、火灾等引发的风险，纯粹风险的特点是仅存在损失机会，其结果包括有损失或无损失两种；投机风险指既存在损失风险同时也存在获利机会，其风险结果包括盈利、亏损和平衡三种情况。企业技术协同创新风险属于投机风险的范畴，各协同创新主体希望通过技术协同创新获取各自期望的利益，但是，技术协同创新系统在内外部潜在风险因素的综合影响下，其协同创新存在三种可能性结果：创新成功，实现了各自的预期创新目标；创新失败，偏离或背离预期目标，有一定程度的经济损失；创新成功但由于应用或推广效果不理想而未实现预期目标，基本实现投入和产出平衡。

本书在参考和综合前人成果的基础上，从风险来源和公共性差异两个维度对技术协同创新风险类型进行划分。一方面，以技术协同创新的风险来源为标准，可以划分为内源性风险和外源性风险。内源性风险主要指技术协同创新主体在协同创新的过程中由于信息不对称、利益分配、风险分担以及协作行为和目标冲突而引发的技术创新风险，其主要体现为道德风险、财务风险以及管理风险等风险形态。外源性风险主要包括由于政治环境、市场经济环境、社会文化环境以及科学技术环境等不稳定或潜在风险因素而引发的风险，主要表现为创新政策风险、技术创新风险以及市场推广和应用风险等风险形态。另一方面，以技术协同创新公共性程度为标准可以将其划分为公共性风险和市场性风险。公共性风险指由于技术协同创新项目的公共外溢性较强而引发的风险，其主要风险形态为体制和制度风险。市场性风险相对于公共性风险而言其公共属性较弱，其更多地倾向于私人市场或物品引发的风险，主要表现为管理风险、技术风险、财务风险等风险形态。

综上所述，本书将企业技术协同创新风险的概念界定为：以企业为主导的包括政府和高校科研机构在内的三螺旋创新主体在技术协同创新过程中，由于技术协同创新系统内外部环境因素、技术创新项目难度或协同创新主体成员的技术创新能力等条件的限制，最终导致技术协同创新活动暂停、撤销或失败的各种不确定和潜在风险因素的总和。对企业技术协同创新风险概念的界定不仅可以明确技术协同创新系统的内涵和外延，而且可以为书文后续的研究划定边界范围。

2.2.2 企业技术协同创新风险的特征

技术协同创新活动是一项高风险的投机活动，在多种风险因素的作用下形成了区别于一般投机风险的特点，具体体现在以下四个方面：

首先，动态复杂性。从哲学角度来看，风险客观存在且不以人的主观意志为转移，技术协同创新风险的产生是偶然性与必然性的统一。风险存在于技术协同创新的各个阶段和环节，各技术协同创新主体所面临的风险类型、风险形式以及风险频率等都存在较大的差异，而且随着技术协同创新系统内外部环境的变化，各协同创新主体所面临的风险因素也会随之改变[108]。此外，技术协同创新系统结构的复杂性决定了其风险的多样性和复杂性，主要表现为技术信息共享风险、技术信息传递风险以及利益分配冲突风险等。

其次，传递性。技术协同创新网络以企业、高校、政府为主导的多核心网络结构，每个协同创新主体内部以及协同创新主体间的协同网络均由不同的节点成员组成，各节点之间根据各自分工构成串联或并联的网络结构，各节点和环节之间相互影响，任何环节和节点的风险可能对其他环节和节点甚至对技术协同创新网络和系统造成毁灭性的影响，从而导致无法实现技术协同创新的预期目标[109]。

再次，叠加性。在技术协同创新过程中，风险具有顺向叠加性，即技术协同创新进程易受到技术协同创新过程中的风险影响。国外学者研究结果证实：技术协同创新的应用研究环节成功概率小于 25%，技术开发研究环节成功率为 25%～50%，而技术协同创新成果的应用和推广环节成功率为 50%～70%。据上述研究结果分析，倘若企业技术协同创新初始阶段项目淘汰率较低，那么必然存在无收益或技术难度较高的创新方案进入后期研发和应用推广阶段，从而导致技术协同创新风险的累积和沉淀，将各技术协同创新主体置于进退维谷的尴尬境地。

最后，可控性。技术协同创新活动是有计划、有组织的技术经济活动，通过对技术协同创新系统的有效组织管理，树立风险意识并且完善风险管理制度，那么就能够在一定程度上预防和控制风险损失的扩大和蔓延，进而保证企业技术协同创新活动朝预期目标发展。虽然技术协同创新风险不能根本消除，但通过管理和制度措施的完善能够有效地防范和控制部分风险因素，从而提高创新成功的可能概率。因此，实现技术协同创新的成功就必须在完善技术协同创新管理的同时，不断加强技术协同创新的风险管理。

2.3 企业技术协同创新风险的形成动因与形成机理

2.3.1 企业技术协同创新风险形成动因

企业技术协同创新风险主要源于以下四个方面：

（1）技术协同创新政策体系不健全。截至目前，我国中央政府尚未制定技术协同创新方面的专项法律法规以及具有可操作性的实施细则，各级地方政府也仅在参考教育部、科技部以及商务部等部门的协同创新指导意见的基础上制定本地区的《协同创新管理办法》，但是由于各自标准和侧重点的差异性导致跨地区或跨行业的技术协同创新举步维艰。此外，包括知识产权制度、技术转移和转化制度以及专利权制度等在内的技术协同创新的保障制度尚未完善，技术协同创新过程中的技术纠纷和知识产权归属等问题无法可依，从而导致技术协同创新过程中的风险发生概率增加。

（2）技术协同创新链断层现象凸显。企业技术协同创新不仅需要企业内部资源的投入，而且需要技术协作创新网络的支持。而我国大部分技术型企业在技术创新方面依赖模仿-创新模式，且与高校、科研机构以及其他企业较少进行技术交流和合作。此外，2011—2013 年间，我国发明专利申请和核准数量连续三年位居世界首位，我国已经俨然成为专利大国，但并非专利强国，根据世界银行的统计数据显示，我国专利技术的应用商品化率不足 20%。究其原因主要在于高校、科研机构、政府以及企业之间的技术协同创新网络尚处于断层阶段，科技研发、转化、应用以及推广等环节的协调性和衔接性较差，从而为企业技术协同创新埋下了风险隐患。

（3）协同创新主体间的信任机制尚未形成。技术型企业协同创新可以从两个维度进行分析：纵向维度上技术型企业与供应链上的其他企业进行技术协同创新，包括供应、生产、销售以及推广服务等诸多环节，但是在企业间技术协同创新分过程中由于各企业在经营理念、风险承载力、利益分配以及企业文化等多方面的差异，从而导致技术协同创新企业间的信任关系紧张甚至存在破裂的风险；横向维度上看，企业与技术链上的政府、高校以及科研机构进行技术协同创新，但由于各组织属性以及管理模式的差异导致技术协同创新系统的稳定性不足，加之各协同创新主体在技术协同创新资源投入、创新风险分担以及创新利益分配等方面并未进行明确的规定和划分，从而为企业技术协同创新埋下了深深的隐患。

（4）技术协同创新内在动力不足。技术协同创新的内在动力不足主要体现在企业和高校、科研机构两个方面。从企业层面来看，自 1978 年实施改革开放至今，我国企业的市场主体地位并未真正形成和确立，具有自主创新能力和自主创新意愿的企业数量较少且政府对企业技术创新的扶持资金有限，资金的极度短缺、技术协同创新风险的不确定性以及技术成果转化应用困难等问题严重阻碍了企业技术协同创新内在动力机制的形成和完善。从高校和科研机构层面来看，由于高校目前的评价机制是学术导向型，从而导致高校和科研机构的人员参与技术协同创新的主观意愿较低，其参与技术协同创新的成果与其自身的职称评定、晋升及福利待遇关联性较低。

2.3.2 企业技术协同创新关键风险产生的系统分析

1.政策风险产生的系统分析

政策环境是我国企业技术协同创新的重要前提和政治保证，只有保证协同创新宏观政策的连续性和稳定性，才能实现技术协同创新活动的持续良性发展。政策风险泛指由于宏观创新政策对企业技术协同创新活动产生影响的不确定性，政策风险的系统分析如图 2-1 所示，创新政策的非连续性、创新政策的不稳定性以及政策惯性等都会增加企业技术协同创新的风险；而政策执行力、政策的完备性以及政策的可行性等则会降低企业技术协同创新的风险发生的概率。

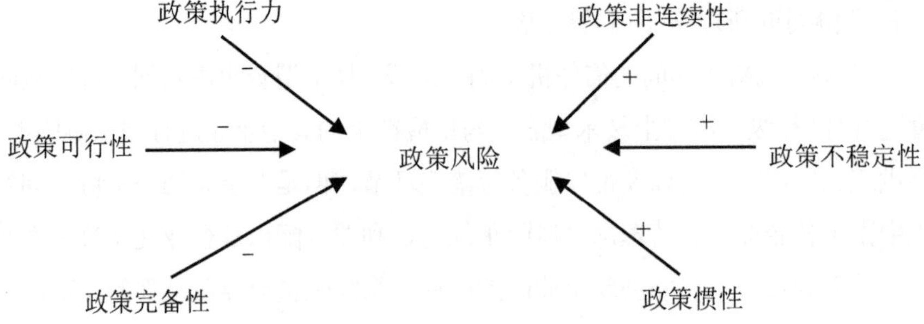

图 2-1　创新政策风险产生的系统分析图

Fig.2-1　System analysis diagram of innovation policy risks arising

2.市场风险产生的系统分析

企业技术协同创新活动的目标就是通过新市场的开拓以及新的客户资源的挖掘不断提升企业的市场竞争优势，市场需求是企业技术协同创新的起点也是其终点，然而，由于市场自身的复杂性和不稳定性，不可避免地会对企业技术协同创新活动产生一定的制约和影响。市场风险产生的系统分析如图 2-2 所示。竞争对手和替代技术、技术的应用性、产品的不确定性、客户的不确定性、市场环境多变性等会增加企业技术协同创新的风险；市场推广战略、市场基础条件以及营销人员能力等会降低企业技术协同创新的风险。

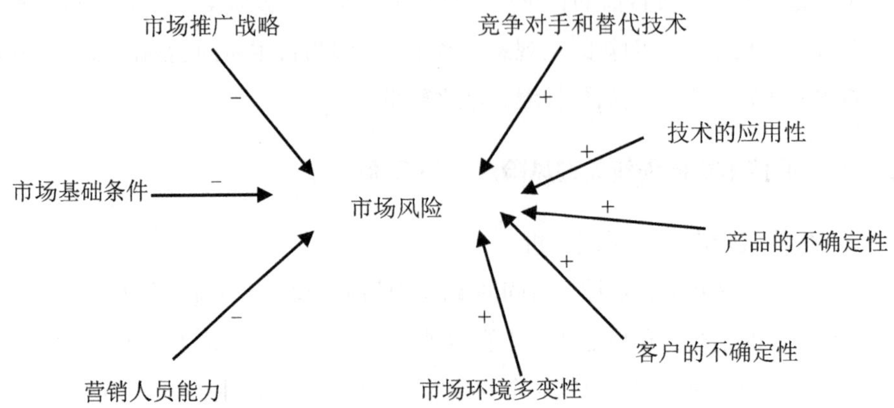

图 2-2　市场风险产生的系统分析图

Fig.2-2　System analysis diagram of market risks arising

3.财务风险产生的系统分析

企业技术协同创新财务风险贯穿于技术协同创新全过程，由于财务风险影响因素的多样性和复杂性，对于企业技术协同创新财务风险不能提前预判和预防，因此，对于财务风险而言只能降低其发生的概率，不能从根本上消除。财务风险产生的系统分析如图 2-3 所示，市场环境的复杂性、管理的不确定性、组织惯性等会增加企业技术协同创新财务风险；而内部员工的风险意识、财务监管制度以及财务运行制度等能够有效地降低企业技术协同创新的财务风险。

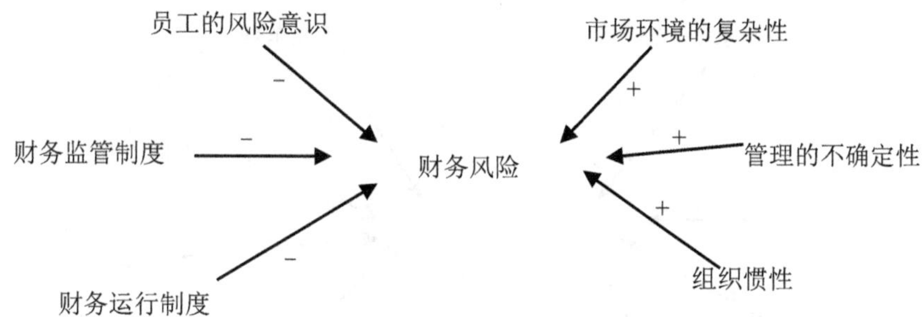

图 2-3　财务风险产生的系统分析图

Fig.2-3　System analysis diagram of financial risks arising

4.管理风险产生的系统分分析

如图 2-4 所示，管理风险中系统的不稳定性、制度不确定性、管理环境不确定性、管理活动的复杂性会增加企业技术协同创新的管理风险；管理人员素质、组织文化以及科学合理的管理模式能够有效地降低企业技术协同创新的风险。

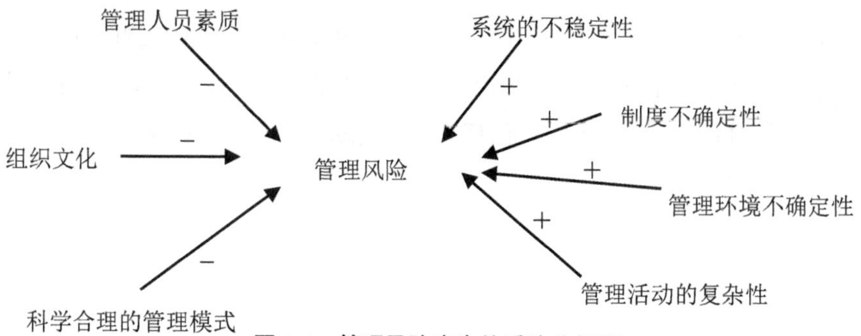

图 2-4　管理风险产生的系统分析图

Fig.2-4　System analysis diagram of management risks arising

5.技术风险产生的系统分析

技术风险指在企业技术协同创新的过程中，由于各种内外部不确定环境因素的影响、项目难度以及协同创新主体综合创新能力等方面的制约，导致技术协同创新项目失败或无法实现预期目标的可能性。技术风险产生的系统分析如图 2-5 所示，项目难度、技术复杂性、管理不确定性、制度不确定性等会增加风险发生概率；而高水平科研团队、协同创新能力、良好的技术基础、技术研发成本投入等会降低风险发生的概率。

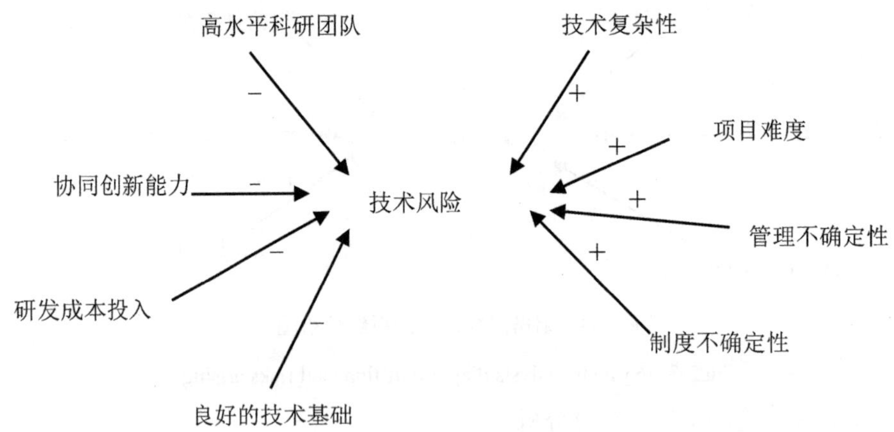

图 2-5　技术风险产生的系统分析图

Fig.2-5　System analysis diagram of technical risks arising

6.道德风险产生的系统分析

道德风险产生的系统分析如图 2-6 所示，其中政策的不确定性、市场的变动性、管理的不确定性等都会增加道德风险发生的概率；而明确知识产权归属、合理的利益分配、协同主体间的信任等会降低德风险发生的概率。

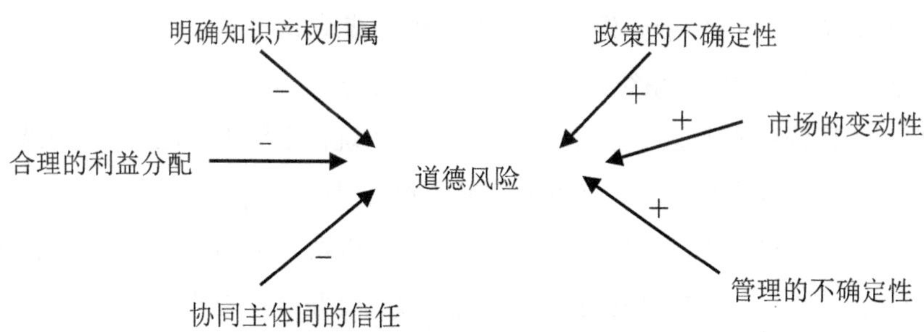

图 2-6　道德风险产生的系统分析图

Fig.2-6　System analysis diagram of moral risks arising

7.企业技术协同创新系统风险涌现的系统分析

涌现是系统在演进过程中新的功能和结构的出现，指系统具有而组成部分或部分总和没有的性质，涌现是用以描述复杂系统层级结间整体宏观动态现象的概念。涌现是在复杂系统中的行为主体，根据各自行为规则进行相互作用所产生的没有事先计划但实际却发生了的一种行为模式。由复杂系统理论可知，宏观行为源于微观结构，宏观现象是微观结构的涌现，企业技术协同创新系统风险是技术协同创新子系统复杂结构和行为的宏观涌现现象。图 2-7 给出了企业技术协同创新系统风险涌现的系统分析过程，图中的要素间关系是正激励关系，而未考虑负激励因素。

2.3.3 企业技术协同创新风险形成机理

1.企业技术协同创新系统风险他组织形成机理

通过对企业技术协同创新系统和子系统风险的系统分析来看，企业技术协同创新风险影响因素中既存在正激励因素也存在负激励因素，只有当正负激励因素处于相对平衡状态时，企业技术协同创新活动才能顺利地实施和进行。但是，当某种正激励要素在受到外界因素影响或人为操作不当的情况下就会引发企业技术协同创新子系统的风险，如风险控制措施不得当还会诱发风险的传递和扩散，并最终导致企业技术协同创新系统风险涌现的发生。如图 2-8 所示，在子系统风险发生初期通过充分发挥负激励因素作用，采取合理的风险应急处置机制可以有效地降低或延缓风险发生的概率或造成的损失。

2.企业技术协同创新系统风险自组织形成机理

自组织理论形成于 20 世纪 60 年代，属于系统科学理论的范畴，其主要研究诸如生命系统、社会系统等复杂系统的形成和发展问题。自组织理论认为，复杂系统的形成并非外力作用的结果，而是系统内部以特定机制为载体而自发由粗糙向精致、由简单向复杂的转化过程，并最终形成能够自我调节、完善以及发展的自组织系统。自组织理论主要由耗散结构理论、协同理论以及突变理论三方面构成，其内部运行机制遵循共守规则、微观决策原则、局部信息影响原则以及并行操作等四项基本原则[110]。

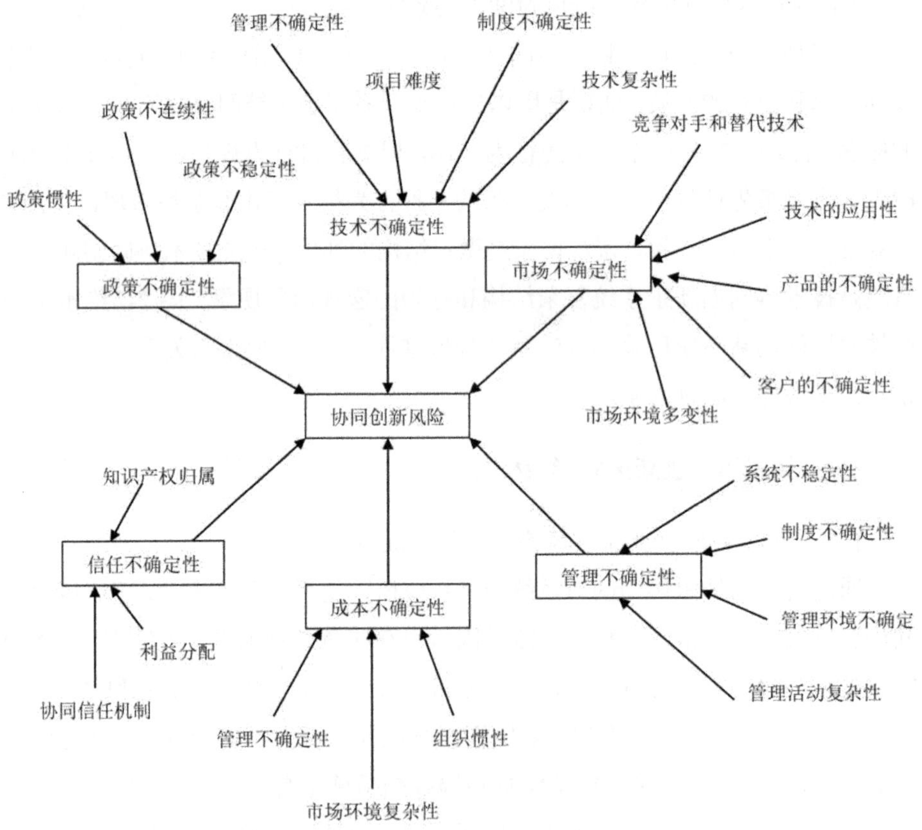

图 2-7　企业技术协同创新风险涌现系统分析

Fig.2-7　System analysis diagram of technology synergy innovation risks emerge

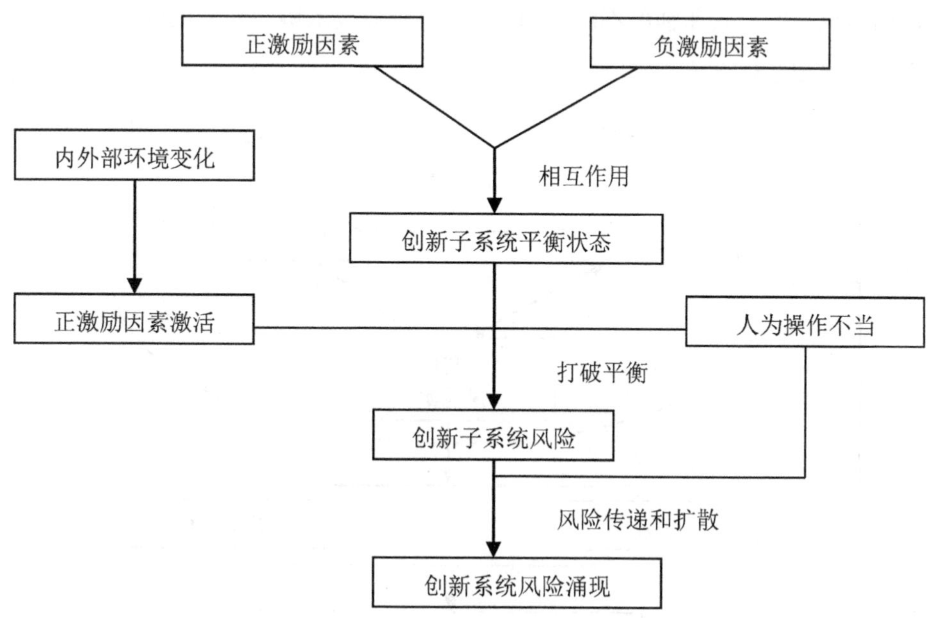

图 2-8　企业技术协同创新系统风险外组织形成机理

Fig.2-8　The formation mechanism of outer organization of enterprise technology collaborative innovation risk

正如自组织理论所说，由于系统本身具有自我组织、自我调节以及自我完善和发展的特点，因此，企业技术协同创新系统能够通过自身的能力和资源削弱和阻断技术协同创新风险的产生和传递，即技术协同创新系统自身具有一定的风险承载力，本书以风险阈值表示技术协同创新系统的风险承载力大小。风险阈值是技术协同创新系统所能够承受的累计风险临界值或临界点，当技术协同创新风险小于风险阈值范围，那么技术协同创新系统内部就能够通过系统内部的自组织功能进行风险自我调节，降低和避免风险因子之间的耦合作用，从而阻断风险源释放风险流的路径和载体。但是，随着技术协同创新过程中风险因素的不断增多，技术协同创新系统内部分风险累积量不断增加，从而导致企业技术协同创新风险等于或大于风险阈值，而此时技术协同创新风险源开始释放风险流，加之风险因子和节点之间耦合作用的影响，进而导致企业技术协同创新风险的形式和强度不断增加，最终对企业技术协同创新项目造成严重的影响，如图 2-9 所示。

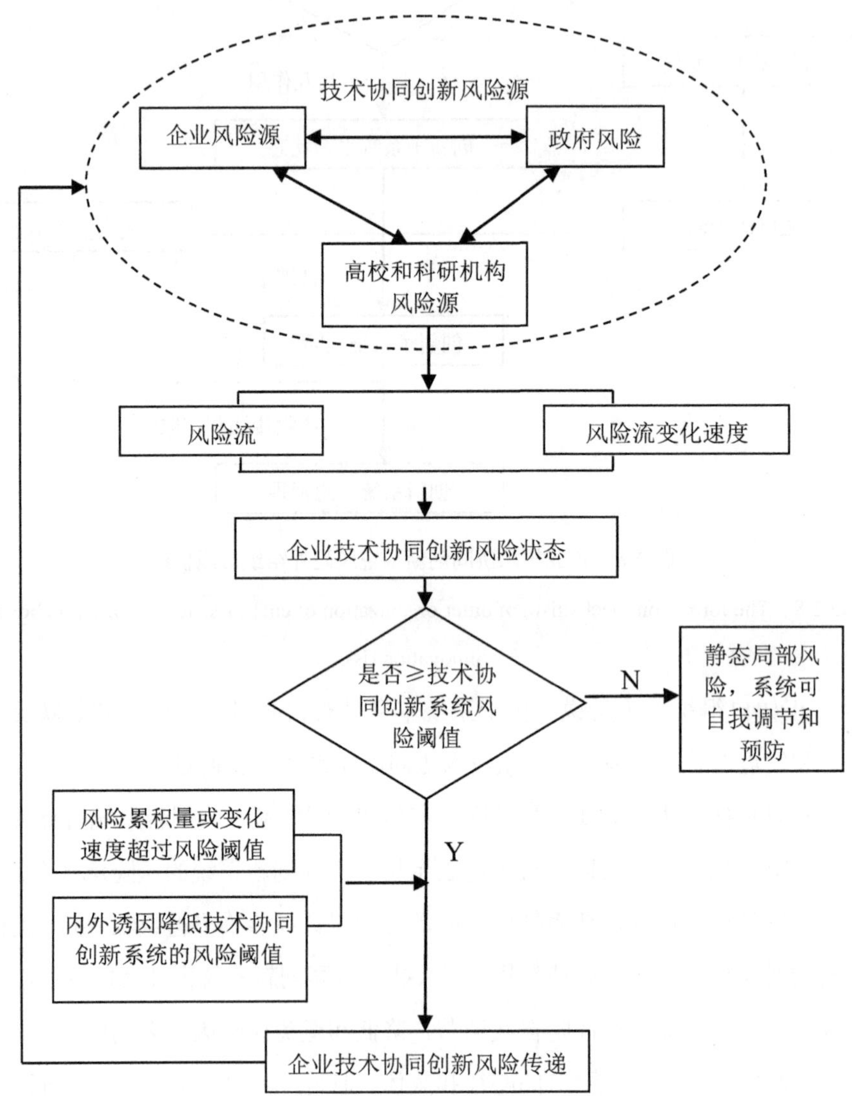

图 2-9　企业技术协同创新风险自组织形成机理

Fig.2-9　The formation mechanism of the risk self-organization of enterprise technology collaborative innovation

2.4 发展中国家中的三螺旋分析

三螺旋创新系统在西方发达国家已经得到广泛的接受和应用，促进三螺旋创新系统的出现主要因素包括两个方面：一方面，由于社会经济的发展，政府对于技术创新的重视程度不断增加，从而导致大学教育和科研工作与产业的关系日益密切，客观上要求加强大学和产业之间的关系；另一方面，大学为了进一步增强知识溢出效应，维持可持续发展的大学-产业-政府关系，主观上也在不断增强大学和产业之间的联系。除此之外，由于政府所扮演的政策制定者的角色，所以必须不遗余力地支持大学-产业的协同作用，提供必要的资源和政策鼓励并支持大学和产业进行科学研究和技术创新活动。

2.4.1 三螺旋创新系统的理论阐释

创新理论的发展可谓源远流长，随着创新的不断深入，创新理论的发展也在不断升华。三螺旋创新理论主要来源于三个方面：

三螺旋理论来源之一：李斯特的经济思想。1841 年，李斯特提出了“国家政治经济系统”的概念，同时强调智力资本和技术引进的重要性，从而成为国家层面的创新的基石和前奏。从李斯特经济思想实践中我们发现，政府的干预和组织是一个国家技术发展和提高的重要影响因素。

三螺旋理论来源之二：克里斯·弗里曼和尼尔森的国家创新系统理论。1987 年，英国学者弗里曼在研究“二战”后日本经济迅速复苏的基础上提出了国家创新系统的概念，美国学者尼尔森则在比较美日之间国家创新、高校创新以及产业创新的前提下，出版了《国家创新系统》一书，系统地阐述了国家创新系统的理论体系。

三螺旋理论来源之三：美、德、日等国的创新实践。德国 R&D 部门的产生，日本“二战”后依靠技术引进和创新所创造的经济复苏奇迹以及美国的军民结合的创新体系的成功，都在很大程度上推动了创新理论的发展和进步。

雷德斯多夫和埃茨科威茨在继承前人创新思想和理论的基础上，提出了三螺旋创新理论，并用于研究政府-大学-产业之间的关系，自此之后，三螺旋创新理论被公认为创新研究的新范式之一。三螺旋创新系统将政府、产业和大学三者的关系归纳为国家社会主义模式、自由放任模式以及混合模式三种，并从国家层面和区域层面分别阐述了三者的关系和联系。三螺旋创新系统提供了一种由传统型大学转变为企业型大学的理想模型。

三螺旋创新系统被认为是知识溢出效应的作用因素中最积极的协同因素。在三螺旋创新系统之中，大学的中心任务是科学研究和技术创新，产业是通过商业活动和科研活动来满足不同顾客的需求，而政府是作为一个政策制定者的角色出现的。理想的情况下，如能将三螺旋创新系统的这三个核心要素有效地融合到一起，那么必然会提高该地区的知识溢出效应，同时也可以增强经济发展的竞争优势，不仅是整个地区甚至是整个国家。因此，三螺旋创新系统的核心问题是：针对每一个特定的国家，根据不同的社会政治环境、不同的经济发展水平和方式，协调政府-大学-产业三者之间的关系，从而发挥三螺旋创新系统的最大化效用。

2.4.2 发展中国家的三螺旋分析

1.发展中国家大学螺旋线分析

大学的存在在一个新兴的环境中尤其是一个经济高速发展的社会中扮演着很重要的角色，任何城市的兴起和繁荣都离不开大学的智力支持和经济活动的协调配合。和过去相比，当大学教授被鼓励成为创业的企业家的时候，新一代的大学教师正在不断弥合经济活动和学术科研之间的鸿沟，因此，以知识产权为中心的大学的进化被认为是地区经济发展和繁荣的推进器。现在在发展中国家当中，一些大学已经开始认识到大学“智库”的价值，一些大学的老师开始将自己的科研学术成果应用于学术和商业两条不同的道路。然而，在大多数发展中国家，大学的角色还仅仅停留在传统的结构上，不鼓励甚至是阻碍科研成果的商业化以及师生的创业行为，他们似乎担心作为科研和学术活动的大学会被盈利性的商业模式和创业风险所“玷污”和践踏。然而，由于大学和产业之间的互补性，真理往往存在于两个极端之间的一个平衡点。商业活动可以为大学的应用科学和理论科学的研究提供必要的资金支持，而大学的智力支持又可以有效地平衡和管理商业活动的利益竞争。因此，所有参与合作的实体，包括大学和商业合作伙伴都将从这种联合之中受益。

发展中国家的高校必须采取措施来应对这种形式的变化，而不是仅仅依靠提高质量来适应现有的标准和要求。从根本上来说，就是要不断修订和完善现有的标准。例如：印度尼西亚的高等教育总局通过制定相关的标准和程序，并选定某大学为试点，不断提高大学教育质量，推动教育事业发展，不断增强大学与产业和政府之间的联系。

2.发展中国家政府螺旋线分析

在三螺旋创新系统之中，政府的角色已经从产业或大学的双重关系中的公共合作伙伴转变成了三螺旋的参与者之一，这也使得政府更多地参与到创新活动之中。对于发展中国家而言，政府的作用和角色主要体现在两个方面：

第一，协调者角色。在政府作用相对较强的国家，政府对于大学和产业的管理也相对较为严格，大学的科研项目要转化为商业模式运作需要通过政府的批准，政府处于支配协调者的角色。比较典型的国家就是墨西哥，政府在创新中的角色最为明显。墨西哥政府出资资助产业联合会和大学专家委员会，同时由政府来协调这些机构的职能和活动范围。在政府作用相对较弱的国家，政府在产业和大学之间充当协作协调者的角色，政府通过制定相关的创新政策和标准将大学和产业紧密地联系在一起，并尽量减少大学和产业合作中的不和谐因素，从这个层面上来看，政府充当的是润滑剂的角色。

第二，保护者角色。政府的保护者角色主要体现在政府在知识产权的分配和建立合法技术转移体系的过程中，起着基础性和决定性的作用。政府必须对知识产权的归属以及利益分配作出明确的规定。

第三，引导者角色。发展中国家政府在三螺旋创新系统中的引导者角色主要体现在两个方面：一方面，政府积极引导利于区域和国家的企业行为，同时引导大学和科研机构的研究方向和研究重点领域。政府对于企业和大学的引导主要体现为激励和服务两种手段。激励主要是通过鼓励企业进口技术并进行二次研发创新，同时调整政策，实行财政科研经费向企业倾斜和向高校的应用性科学倾斜，鼓励有条件的企业形成行业联盟，推动行业技术标准联盟的制定和实施，抢占产业制高点。服务指的是政府通过法律法规规范中介机构的行为，为大学和产业的联合打造良好的法制环境和社会环境。另一方面，政府要正确地引导公众的行为，通过图片展和培训、讲座等形式来消除公众对于大学固有刻板的印象，营造一种鼓励创业、尊重知识和智力以及成果产权的良好社会氛围，不断提高公众对于大学和产业合作的常态化认识并逐步内化为公众的自觉意识。

3.发展中国家产业螺旋线分析

在人们固有的印象之中，企业应该是市场导向型的，但是在三螺旋创新系统之中，企业不仅包括市场导向型，还包括研发导向型和平衡导向型企业。在发展中国家之中，诸多产业之中的企业大部分都属于市场导向型企业，还有少量由政府支持的研发导向型企业。对于市场导向型企业而言，一般都是进行短期项目的研发和商业运作，而长远的科研项目的开展往往会受到资金、战略、技术等各种因素的困扰和限制。而对于研发主导型企业而言，由于他们开展的科研项目是为了满足政府部门的需要，因此，对于这类企业而言，他们的最终目的不是将企业不断壮大，而是维持现状。而从三螺旋创新的角度来看，发展中国家更需要的是既能够在政府的支持下满足政府的需求，又能够不断进行深入研发，壮大企业的实力和规模的平衡导向型企业。换言之，要在企业导向和研发导向中间的某个地方找到一个平衡点，在这个平衡点周围一定的范围内进行产业运作，以此来弥合企业发展和产品研发之间的空隙。

从发展中国家产业发展的角度来看，产业-大学与产业-政府之间所组成的双螺旋远没有形成。从产业的角度看，发展中国家企业应该作为地区和国家三螺旋发展的表率，企业应不断加强和大学的科研合作项目以及企业内部的自主创新，增加技术引进的投入，妥善处理自主创新和二次创新的关系，不断增强企业的竞争优势，逐步完善企业的创新体制和人才培养体系建设，最终带动相关产业和相似企业形成产业集群，最终实现规模效应。从产业-政府的关系来看，发展中国家的相关企业要积极配合和支持国家的产业政策和创新政策，自觉遵守相关的法律法规，同时要学会维护自身的合法权益，自觉抵制恶性竞争，为地区和国家产业发展创造良好的产业环境。

2.5 本章小结

本章首先界定了企业技术协同创新系统的基本内涵：企业技术协同创新系统指以企业技术创新为目标，包括技术协同创新主体、技术协同创新客体以及技术协同创新环境等因素在内且各要素互动和相互作用的整体；其次，对企业技术协同创新风险概念进行界定，并将企业技术协同创新风险的特征概括为动态复杂性、传递性、叠加性以及可控性四个方面；最后，从技术协同创新政策体系不健全、技术协同创新链断层现凸显、协同创新主体间信任机制尚未形成及技术协同创新内在动力不足四个方面对企业技术协同创新风险的成因进行了简单的分析，并以系统分析方法对企业技术协同创新风险的他组织形成机理进行分析，以自组织理论对企业技术协同创新风险的自组织形成机理进行分析。

第3章　企业技术协同创新风险因素识别

企业技术协同创新风险识别是风险测评以及决策的前提和基础，同时也是对企业技术协同创新过程中所面临的显性和隐性风险的甄别、归纳及分析的过程。企业技术协同创新风险识别不仅需要依靠经验，同时还要依赖于数据记录和统计分析、历史资料分析等，从而对企业技术协同创新风险的规律和破坏性有明确的认识，为企业技术协同创新风险的决策与控制策略制定提供依据和参考。

3.1 风险识别方法的选择

3.1.1 风险识别的基本方法

风险识别是风险管理的首要环节，其主要任务是明确企业在各项经营活动过程中所面临的风险因素及可能造成的严重后果。但由于现实生活中企业面临的各种风险错综复杂的局面给风险的辨识和分析造成了严重阻碍，因此对企业风险因素进行分析时需要依赖一定的科学方法，目前常用的风险识别方法包括多目标决策树法、故障树分析法、专家调查法（德尔菲法和头脑风暴法等）、问卷调查法、财务报表分析法以及筛选—监测—诊断法等。由于风险识别方法的多样性，本书仅选取故障树分析法、财务报表分析法以及筛选—监测—诊断法进行简单介绍。

（1）故障树分析法。故障树分析法（FTA）由美国贝尔实验室华特（1961）

提出，最初应用于通信系统的可靠性和安全情况监测，后逐步被推广并广泛应用于其他领域。故障树分析法以系统分析为起点，逐步延伸至部件和零件，在分析的同时通过逻辑符号绘制故障树图，从而分析系统故障事件的可能概率以及子系统故障对系统的影响。但故障树分析法存在一定局限，由于构建故障树图工作量繁重且对分析人员逻辑运算能力要求较高，从而限制了该方法的普及和推广[111]。

（2）财务报表分析法。财务报表分析指通过对企业相关财务数据的收集和整理，对企业经营现状和资金流动情况进行综合评价，并形成财务风险报告以供企业管理者和决策者参考。财务报表分析主要包括趋势分析、比率分析以及因素分析三方面内容。然而，由于企业会计处理和分析方法对财务报表可比性的影响、通货膨胀、信息的时效性、报表数据信息量限制以及报表数据可靠性等内外部因素的影响，财务报表分析方法在实际应用中存在着一定的弊端和局限性[112]。

（3）筛选—监测—诊断法。筛选—监测—诊断法主要由筛选、监测和诊断三个环节组成。筛选阶段主要是对企业内外部风险因素和潜在风险因素进行分析和归类，并根据可能引发的风险破坏程度高低对风险因素进行排序；监测阶段指对筛选出的关键风险因素进行实时观测、记录和分析，及时掌握关键风险因素的动态发展趋势；诊断阶段是对风险因素的监测数据和结果进行分析和评价的过程，主要目标是明确关键风险因素的风险状态，为企业风险转移、风险预警以及风险控制等相关策略的制定提供可参考的依据。但是，该方法实施的时间和经济成本较高，而企业风险因素是处于不断的变化和发展状态，因此，通过筛选—检测—诊断法得出的风险报告有可能不能完全客观反映企业的整体风险状态。

3.1.2 等级全息建模方法

等级全息建模理论（HHM）主要是从多维度或视角展现风险系统的不同内在特征和本质。理论上，单一数学模型仅能刻画单一的风险系统图像，而单一数学模型无法系统阐述和明确系统的风险因素和风险来源。而此处所提及的风险不仅与同一系统的多种元素、目标和约束相关，而且与社会各方面（功能性、地理性、经济、政治、环境以及部门机构等）的变化相关[113]。将等级全息建模方法应用于组织或项目的风险识别，是将系统或项目进行逐级分解，不能直接细化，被分解的子系统不仅是待分析的问题同时也是系统项目的组成部分。系统或项目可分解的层次主要取决于实际需要和分析的可能性两方面。当对所有子系统进行风险分析后，就可以得到系统或项目的综合风险清单。

“等级”指明确系统不同层面出现的不同问题。等级全息建模理论指出，风险分析人员不仅要了解组织高层管理者对宏观风险的认识，同时也要了解基层管理者或普通员工对微观风险的认知。“全息”指当明确系统脆弱性时，希望通过系统的多视角图像对系统风险源进行辨析。不同的视角包括经济、技术、政治、社会等，但并不仅限于上述几个方面，因此，风险分析人员必须是具备丰富的经验和多领域综合知识的复合型人才。

3.2 基于 HHM 的企业技术协同创新风险识别

3.2.1 企业技术协同创新风险维度

等级全息建模理论的核心思想是以系统工程的基本原理为基础，构建复杂系统的多视角、多层次风险分析模型。从多视角出发去认识企业技术协同创新风险系统，就需要将该风险系统进行逐级分解，对企业技术系统创新风险的首次分解标准称为风险维度，每个风险维度又可以进行二次分解，其主要由不同的风险组变量组成。因此，企业技术协同创新风险包括风险维度和风险变量两个层级。

雅科夫·Y. 海姆斯在其著作《风险建模、评估和管理》中将风险维度划分为系统、环境、组织、社会、自然、时间以及自由七个方面[114]。本书以三螺旋创新理论为基础，结合企业技术协同创新的特点以及我国政治、经济以及社会文化的特点将企业技术协同创新的风险维度分为：道德风险、管理风险、市场风险、财务风险、技术风险以及政策风险六个方面。上述六个维度分别代表了认识企业技术协同创新风险的不同视角，构成了企业技术协同创新风险识别模型的第一层次。六个维度的风险源相互作用，可能独立或交叉影响企业技术协同创新活动的进行，如图 3-1 所示，通过等级全息建模得到的企业技术协同创新风险识别维度，且每个风险维度都是由风险和风险变量构成的子系统。

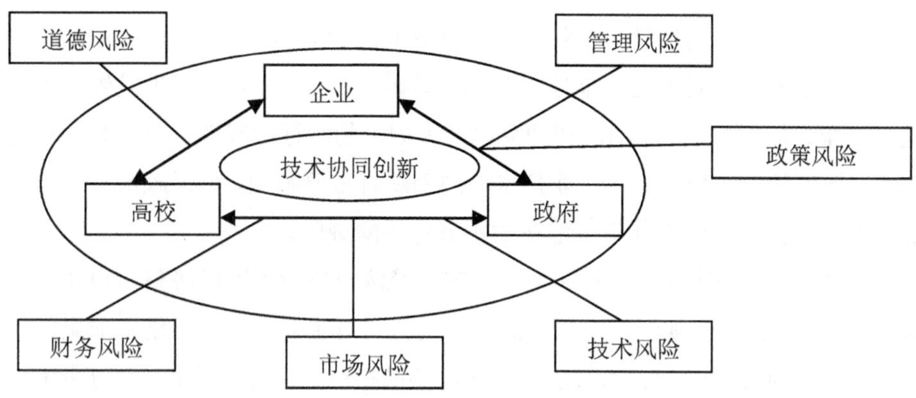

图 3-1　企业技术协同创新风险维度

Fig.3-1　The risk dimensions of enterprise technology collaborative innovation

对企业技术协同创新风险维度的划分并不仅限于上述六个维度，从更加全面和细致的层面还可以划分出许多维度，但维度的增加意味着在对风险进行识别、评价和处理时需要投入更多的成本且对风险分析人员的综合素质要求也就越高。因此，基于以上考虑，本书的研究以道德风险、管理风险、市场风险、财务风险以及技术风险六个风险维度展开。

3.2.2 基于 HHM 的企业技术协同创新风险因素识别与分析

3.2.2.1 政策风险因素指标

企业技术协同创新风险政策环境因素包括四个风险因素指标，具体体现为：

（1）国家技术协同创新政策（A_1）。政府的技术创新导向是企业技术协同创新的重要影响因素。在不同的社会和经济发展时期，国家及各地方政府对技术创新扶持的侧重点也会有所差异，假如技术协同创新项目与国家技术发展规划和战略相契合，必然会得到包括政府和社会各界的支持，同时企业技术协同创新的风险也就相应减小。反之，倘若企业技术协同创新项目与国家相关法律法规或社会伦理道德相抵触，势必会给企业技术协同创新项目带来巨大的风险。

（2）政治稳定性（A_2）。政治稳定指在一定时间和空间范围内的政治组织系统的稳定性和有序性，主要体现在政治主权、政治和社会以及政治文化等处于稳定状态，简而言之，即对外未参与国际纠纷和战争，国内未发生激烈的党派斗争、大规模的社会动乱和冲突以及大规模的游行示威以及罢工等不稳定因素。国家的政治稳定性对企业技术协同创新有重要影响，如果政治不稳定必然会对企业技术协同创新造成潜在的不确定风险威胁。

（3）宏观经济政策形势（A_3）。宏观经济形势指国家经济整体现状与未来发展趋势。国家宏观经济未来发展形势的优劣对企业技术协同创新成果的推广和应用有重要的影响。衡量宏观经济形势的指标包括总供给和总需求指标，而与企业技术协同创新休戚相关的宏观经济指标包括国民经济生产总值、社会的消费水平以及社会商品价格水平等的动态变化情况。

（4）知识产权制度（A_4）。随着知识经济的不断发展，知识积累和创新日益成为促进社会经济发展的关键因素。而在现代技术创新活动中，技术创新和知识产权保障制度是相互依存且相互支撑的关系。知识产权制度是激励和保护技术创新成果和维护技术协同创新秩序的法律保障。

3.2.2.2 市场风险因素指标

企业技术协同创新市场风险主要是对技术协同创新成果的市场竞争力和潜在市场进行考察和分析，具体包括以下几个方面：

（1）技术协同创新成果知识产权确权率（A_5）。技术创新成果的知识产权确权率指企业技术协同创新成果中已经确权的专利或技术成果占全部创新成果的比例。技术协同创新成果的知识产权确权率比值较大，证明企业技术协同创新成果应用所面临的市场风险较小，反之则风险较大。

（2）技术协同创新成果技术行业标准认定率（A_6）。技术行业标准认定率=（被认定为行业标准的成果数量/技术协同创新成果总数）×100%。技术行业标准认定率指被行业协会认可且采纳为新技术或行业标准的成果数量在总成果数量中的比例，其比例越大说明被采纳的成果越多，从而降低企业技术创新成果的市场风险，反之，则说明被采纳的成果较少且风险较大。

（3）技术协同创新成果市场转化率（A_7）。技术成果转化是我国市场经济环境下以知识产权为资产的交易、开发和应用。技术协同创新成果的市场转化率指具有实用价值的企业技术协同创新成果数量占总创新成果数量的比值。

（4）市场需求变动（A_8）。市场需求是企业技术协同创新的动力源泉，市场需求有利于促进企业技术协同创新的效率。但是，由于市场需求量测量的难度较大且对社会总需求量的未来变动趋势无法准确把握，因此，企业技术协同创新项目的商业应用存在不确定性风险。

（5）竞争者技术创新的速度（A_9）。企业技术协同创新的主要目的是提高自身技术创新的效率，保持企业在市场竞争中的优势地位，但是倘若企业的市场竞争对手在同一领域或项目上的技术创新速度较快，那么企业技术协同创新项目将面临被搁置或撤销的风险。

（6）企业营销和推广能力（A_{10}）。企业部分技术协同创新的新成果或新产品并不是以市场为导向进行研发的，需要以企业的营销和推广部门为载体进行市场引导和开发，在不断加大宣传力度的同时逐步引导消费者改变固有的消费模式和习惯，从而实现企业技术协同创新新成果的推广。

3.2.2.3 财务风险因素指标

（1）项目创新主体出资比重（A_{11}）。技术协同创新的资金结构是衡量企业技术协同创新系统稳定的重要标准，而技术协同创新资金机构主要体现在协同创新主体的资金投入比例。在企业-政府-高校三螺旋协同创新体系中，企业的出资比重越高表明技术协同创新的财务稳定性越高且风险较低，反之，则稳定性较差且风险风险较高。

（2）项目资金预算执行率（A_{12}）。项目预算分为直接费用和间接费用，技术协同创新项目的预算支出要严格按照预算和规划执行，企业技术协同创新资金决策与项目预算的比例关系能够客观地反映企业技术协同创新活动的风险状况，假如项目决算/项目预算比例较大，则说明企业技术协同创新项目财务状况稳定，创新风险较小；反之则表明企业技术协同创新财务状况不稳定，创新风险较大。

（3）项目资金链稳定性（A_{13}）。企业技术协同创新资金链指维系企业技术协同创新系统正常运转的基本循环资金链条，技术协同创系统要持续运转就必须保持资金链的循环良性运转。从企业技术协同创新主体来看，政府对技术协同创新的资金有限，高校更多投入的是人才资源、技术资源以及设备资源，因此，技术协同创新资金链的主要维系主体来自企业，一旦企业经营状况或效益下滑，那么很有可能导致技术协同创新的资金链断裂，从而造成企业技术协同创新项目有被搁浅或撤销的风险。

（4）技术协同创新成本的控制（A_{14}）。技术协同创新成本控制和技术创新是辩证统一的关系，二者看似矛盾，但实际上目标一致。企业技术协同创新既不能追求短期利益，以削减技术协同创新投入资金实现成本控制，也不能急功近利地盲目进行技术创新项目的资金投入。因此，企业在技术协同创新和成本控制的关系处理方面要遵循“统一性”原则，即企业在开展技术协同创新项目前要进行科学的成本预测，在协同创新过程中，在保证不影响技术协同创新活动的前提下，对管理成本、物流成本等进行适度的成本控制。

（5）突发事件应急反应能力（A_{15}）。企业技术协同创新突发事件的应急反应能力主要体现在风险预测科学性、风险监测系统的健全性以及风险控制措施的有效性等方面，诸如风险预测科学性不足、风险监测系统不健全或风险应对举措乏力等任何环节的失位都有可能引发企业技术协同创新风险。

3.2.2.4 管理风险因素指标

（1）协同管理组织机构（A_{16}）。要实现技术创新主体的有效协同就必须构建超越各创新主体的统一的协同管理组织机构和体制。明确技术协同创新的范畴和目标，优化配置各创新主体的技术创新资源，最重要的是对多元创新主体的风险分担和利益分配进行统一的协调，完善的技术协同创新组织管理机构对技术协同创新效率有促进作用能够有效地降低企业技术协同创新过程中的风险概率。

（2）风险管理专业化水平（A_{17}）。企业技术协同创新系统要不断提高对流动性风险的精细化管理、标准化管理以及专业化管理水平。技术协同创新系统风险管理专业化主要体现为构建健全的资金流向监测体系、风险预警机制以及风险控制制度等。

（3）项目可行性论证与规划（A_{18}）。项目的可行性论证和规划是企业技术协同创新过程中的基础和关键环节，在此环节可能会存在诸多问题，例如：潜在风险的考虑完备性不足、风险分析和预测的科学性不足以及论证工作人员由于客观失误或主观故意造成的技术协同创新规划的先天弊端，这些都无形中增加了企业技术协同创新的风险。

（4）组织内的权限配置（A_{19}）。技术协同创新系统内管理权限的配置以各创新主体拥有管理权限的二级单位或部门参与数量比例决定的，参与部门和单位的数量比例越高，风险越小，反之，则风险越大。

（5）技术协同创新信息的共享与传递（A_{20}）。企业技术协同创新过程中必然涉及多方面信息的搜集和传递，各创新主体间的技术信息的共享和传递可能会由于信息共享系统平台的不完善、信息传递渠道的阻塞导致信息失真、信息过滤等问题，最终导致各创新主体间信息传递效率迟缓或信息不对称等问题的发生，从而严重影响企业技术协同创新的效率和效果。

（6）技术协同创新项目负责人的水平（A_{21}）。技术创新是专业性较强的工作，优秀的技术协同创新项目负责人不仅要具备专业技术背景，同时还要具备一定的管理能力，能够有效地组织、协调、配置以及激励技术协同创新项目内的人力资源，能够有效地激发和调动创新团队成员的积极性和主动性。

（7）技术创新人员的待遇（A_{22}）。随着社会经济的不断发展，企业技术研发人员的重要性日益凸显，企业技术研发人员的待遇也随之水涨船高。在技术协同创新系统中，技术研发和创新参与人员的工资待遇不能低于其在原单位的工资待遇，否则必然会影响其工作的积极性，这必然会给技术协同创新活动造成一定的风险隐患。

3.2.2.5 技术风险因素指标

（1）创新团队高级人才比重（A_{23}）。文中提到的高级人才的衡量标准是以学历和职称为标准的，具体而言，企业技术协同创新团队中的高级人才指的是拥有博士学位或高级职称的专业技术人员，而该部分人员的所占比例在所有研发人员中比重越大，则企业技术协同创新过程的风险就越小，反之，则风险越大。

（2）创新项目资源匹配程度（A_{24}）。创新项目资源匹配程度的衡量标准是用于技术创新的资金数量在全部创新资金中的比重，如果比值较大，则表明非技术性的成本投入较小，技术协同创新项目的资金后续保障充足，从而能够有效地降低企业技术协同创新项目的风险，反之，则风险越大。

（3）技术协作能力（A_{25}）。企业技术协同创新对科研分工较细且需要各创新主体间的有效协同，但是由于各创新主体技术理论水平和知识积累程度的差异性，如何实现有效的技术协同便成为企业技术协同创新的重要制约因素。

（4）技术创新项目周期（A_{26}）。企业技术协同创新项目要明确界定研发的时间，即对技术协同创新项目的提出—启动—中期检查—试验检测—成果应用等各个阶段和环节进行合理的时间分配，在保证技术协同创新效果的前提下尽量缩短企业技术协同创新项目的研发周期。

（5）技术创新难度（A_{27}）。技术创新项目的难度主要体现在技术的成熟度、技术的先进水平以及技术创新的复杂度等三个方面，任何一个方面的估计不足都有可能会对整个技术协同创新项目造成毁灭性的影响。

（6）技术创新成果的可替代性（A_{28}）。技术创新成果的可替代性指技术协同创新的研究项目或技术被更先进的技术所取代。假如出现上述情况，技术协同创新的前期资源投入将无法挽回并给技术协同创新各主体造成无法预测的经济损失。

3.2.2.6 道德风险因素指标

（1）技术成果知识产权分配（A_{29}）。技术协同创新成果知识产权分配是关系到企业技术协同创新系统可持续性发展的关键因素，各创新主体对技术协同创新成果产权以各主体所拥有的专利数量为标准，企业在技术成果知识产权的分配中所占比重越大，则企业技术协同创新所面临的道德风险就越小，反之，风险则越大。

（2）协作创新主体间信任程度（A_{30}）。企业技术协同主体间的信任关系程度是技术协同创新成败的重要影响因素。假如在企业技术协同创新的过程中，各协同创新主体之间互相提防、互相猜忌，那么必然会增加技术协同创新的管理成本、信息交互成本以及技术研发成本等。

（3）协同创新主体自利行为（A_{31}）。各创新主体的创新动机都是趋利行为，鉴于各创新主体各方面的差异性，当企业技术协同创新进入瓶颈期时，各创新主体为实现自身利益最大化而不可避免地会出现影响企业技术协同创新整体进程的自利行为，从而导致技术协同创新项目的停滞或终止。

（4）技术协同创新的社会责任（A_{32}）。企业技术协同创新成果最终还要应用于社会，并接受社会实践的检验。因此，企业要将社会责任融入技术协同创新过程中，主动将社会责任纳入企业技术协同创新项目的选择标准和原则。

（5）协同创新各主体利益分配（A_{33}）。企业技术协同创新的主要目的就是提高企业技术创新的效率、节约技术创新的成本以及降低技术创新的风险。因此，技术协同主体间的利益分配对降低技术协同创新系统的风险有积极的作用。协同创新主体间的利益合理分配能够有效降低由于利益分配不均而引发的利益冲突和潜在风险，从而保证企业技术协同创新项目的顺利进行。

3.3 基于 RFR-因子分析的企业技术协同创新风险因素过滤

3.3.1 基于 RFR 的企业技术协同创新风险过滤

风险过滤与评级法（RFR）是以风险的危害程度为标准在 HHM 风险识别模型基础上对多种风险因素进行风险因素过滤和危害等级评定的方法。RFR 法的关键在于：首先，构成评级标准的关于项目风险的五个主要层级；其次，借助可测量的属性对风险因素进行量化；再次，图表化式的风险辨别；最后，将风险清单精简至最关键的风险因素。RFR 法指出，由于并非所有的风险因素都会持续不间断地对企业技术协同创新过程产生直接影响，因此需要根据风险危害程度、影响范围以及时间节点等对关键风险因素进行筛选和过滤。为了保证企业技术协同创新风险过滤的准确性，本书设计了调查问卷并邀请 10 位风险管理领域专家和学者对 33 项风险因素进行评估，本节风险过滤的数据均源于专家调查问卷，调查问卷内容详见附录 1。

风险过滤的基本步骤：首先，构建风险矩阵图并根据风险源的发生概率将其与风险危害程度进行匹配；其次，依次对道德风险、技术风险、市场风险、管理风险、政策风险以及财务风险等风险维度进行分析；最后，剔除发生概率小且危害程度低的风险因素，构建企业技术协同创新分关键风险因素指标体系。风险矩阵图如 3-2 所示。

后果	不可能	很少	偶尔	可能	经常
灾难性影响					
任务失败					
丧失对任务有影响的能力					
丧失对任务无影响的能力					
较小或无影响					

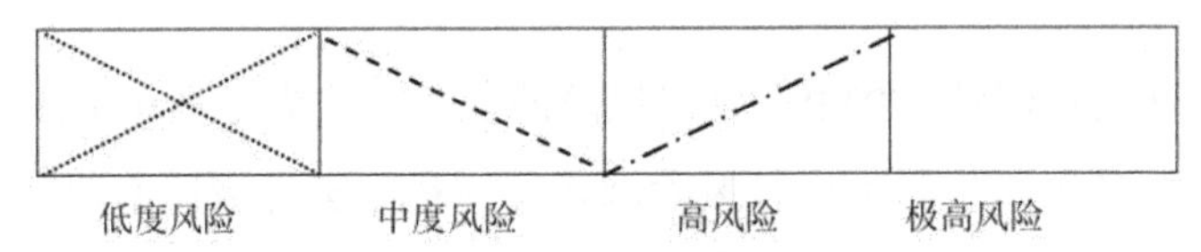

图 3-2　风险过滤矩阵图

Fig.3-2　The matrix of risk filter

（1）政策风险过滤。从图 3-3 可以看出，国家技术协同创新政策（A_1）、宏观经济政策形势（A_3）和知识产权制度（A_4）对企业技术协同创新风险的危害程度及影响频率相对较高，而政治稳定性（A_2）的危害程度虽然较高，但是由于其发生的频率或概率较低，因此，对于短期的企业技术协同创新项目而言基本可以忽略不计。

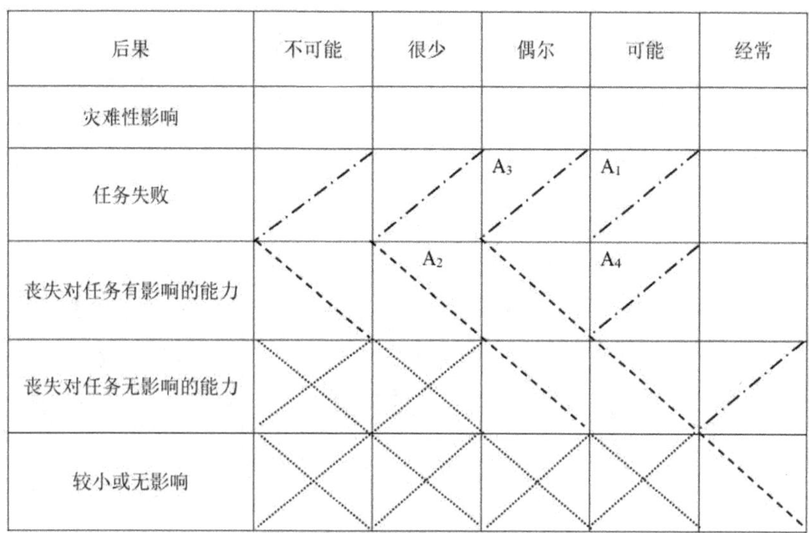

图 3-3　政策风险过滤矩阵图

Fig.3-3　The filter matrix of political risk

（2）市场风险因素过滤。从 3-4 图可以看出，技术协同创新成果知识产权确权率（A_5）、技术协同创新成果技术行业标准认定率（A_6）、成果市场转化率（A_7）以及竞争者技术创新的速度（A_9）能够对企业技术协同创新的成败和效率危害影响程度较高的因素，而市场需求变动（A_8）和企业营销和推广能力（A_{10}）对企业技术协同创新项目的后续应用和推广有影响，但是对企业技术协同创新的过程和效率影响较小。

后果	不可能	很少	偶尔	可能	经常
灾难性影响					
任务失败				A_7 A_9	
丧失对任务有影响的能力				A_5 A_6	
丧失对任务无影响的能力					A_8 A_{10}
较小或无影响					

图 3-4　市场风险因素过滤矩阵图

Fig.3-4　The filter matrix of market risk

（3）财务风险因素过滤。从图 3-5 可以看出，除技术协同创新成本的控制（A_{14}）为中度风险以外，其余财务风险因素均为高风险因素，会对企业技术协同创新过程产生极大的影响。

后果	不可能	很少	偶尔	可能	经常
灾难性影响					
任务失败			A_{13}	A_{11}	
丧失对任务有影响的能力			A_{14}	A_{12} A_{15}	
丧失对任务无影响的能力					
较小或无影响					

图 3-5　财务风险因素过滤矩阵图

Fig.3-5　The filter matrix of financial risk

（4）管理风险因素过滤。从图 3-6 可以看出，协同管理组织机构（A_{16}）、组织内的权限配置（A_{19}）以及技术创新人员的待遇（A_{22}）对企业技术协同创新风险影响程度较低，而风险管理专业化水平（A_{17}）、项目可行性论证与规划（A_{18}）、技术协同创新信息的共享与传递（A_{20}）、技术协同创新项目负责人的水平（A_{21}）等均处于高风险等级及以上。

后果	不可能	很少	偶尔	可能	经常
灾难性影响					
任务失败				A_{18}	
丧失对任务有影响的能力				A_{17}　A_{20}　A_{21}	
丧失对任务无影响的能力			A_{19}　A_{22}		
较小或无影响				A_{16}	

图 3-6　管理风险因素过滤矩阵图

Fig.3-6　The filter matrix of management risk

（5）技术风险因素过滤。从图 3-7 可以看出，创新项目资源匹配程度（A_{24}）和技术创新项目周期（A_{26}）风险因素为中度风险，创新团队高级人才比重（A_{23}）、技术创新项目难度（A_{27}）以及技术创新成果的可替代性（A_{28}）为高风险因素，技术创新协作能力（A_{25}）是极高风险因素。

后果	不可能	很少	偶尔	可能	经常
灾难性影响					
任务失败				A_{27} A_{28}	A_{25}
丧失对任务有影响的能力				A_{23}	
丧失对任务无影响的能力			A_{26}	A_{24}	
较小或无影响					

图 3-7　技术风险因素过滤矩阵图

Fig.3-7　The filter matrix of technical risk

（6）道德风险因素过滤。从图 3-8 可以看出，技术协同创新的社会责任（A_{32}）为中度风险因素，技术成果知识产权分配（A_{29}）、协作创新主体间信任程度（A_{30}）、协同创新主体自利行为（A_{31}）以及协同创新各主体利益分配（A_{33}）为企业技术协同创新的高风险因素。

后果	不可能	很少	偶尔	可能	经常
灾难性影响					
任务失败			A_{31}	A_{30}	
丧失对任务有影响的能力				A_{33} A_{29}	
丧失对任务无影响的能力			A_{32}		
较小或无影响					

图 3-8　道德风险因素过滤矩阵图

Fig.3-8　The filter matrix of moral risk

综上所述，在剔除企业技术协同创新的 10 个中度风险因素的基础上，过滤出 23 个影响企业技术协同创新的关键风险因素。

3.3.2 企业技术协同创新风险的因子分析

3.3.2.1 数据采集方式及目的

开展问卷调查的目的主要包括：对企业技术协同创新风险要素进行筛选，为风险测评提供可靠性的数据，以及构建企业技术协同创新关键风险指标体系并验证基于 RFR 的企业技术协同创新风险过滤结果的合理性。

本研究以调查问卷的方式采集数据，邀请不同组织和行业的技术研发人员对技术协同创新过程中风险因素的影响程度进行打分。打分标准分为五个层次：基本没有影响为[0，2]，影响较小为（2，4]，影响程度一般为（4，6]，影响明显为（6，8]，具有破坏性影响为（8，10]。

此次调查问卷主要采取电子邮件的形式开展，参与人员涉及机械、电子制造业、企业制造业、新能源、钢铁、化工以及新型材料等行业及高校和科研院所的研发人员。此次调查共发送问卷 500 份，其中返回 380 份，同时除去无效问卷 20 份，实际有效回收 360 份，有效问卷回收率为 94.7%。

3.3.2.2 因子分析的统计学检验

因子分析前要进行 *KMO* 检验以及 Bartlett's 球形检验。*KMO* 检验的适用范围是对相关变量的相关系数和偏相关系数进行比较。一般来说，*KMO* 值介于 0 和 1 中间，*KMO* 值越大表明变量因子间具有强相关性，越接近 1 表明因子之间的相关性越强，适合进行因子分析，反之则不适合。根据 Kaiser 提出的 KMO 度量表，*KMO* 值>0.5 时适合进行因子分析。Bartlett's 球形检验主要用于对各变量引资的独立性进行检验，当 $p<0.05$ 时，表明各变量间不独立。正如表 3-1 所示，*KMO* 值大于 0.7 且 Bartlett's 球形检验 χ^2 值显著性概率小于 0.01，表明问卷调查的数据量表适合进行因子分析。

表 3-1 *KMO* 值与 Bartlett's Test

Table 3-1 KMO value and Bartlett's Test

Kaiser-Meyer-Olkin Measure of Sampling Adequacy		0.755
Bartlett's Test of Sphericity	Approx Chi-Squar	3655.694
	Df	1653
	Sig.	0.000

3.3.2.3 因子分析结果

由表 3-1 可知，*KMO* 值为 0.755，大于 0.5 的标准值，而且 Bartlett's 球形检验 χ^2 值显著性概率小于 0.01。因此，因子分析的结果如表 3-2 所示。按因子载荷>0.5 为标准进行因子变量的取舍，由表 3-2 可知：政策风险包括协同创新政策（A_1）、宏观经济政策形势（A_2）和知识产权制度（A_3）三个变量；市场风险包括创新成果知识产权确权率（A_4）、创新成果技术行业标准认定率（A_5）、市场转化率（A_6）以及竞争者技术创新速度（A_7）四个变量；财务风险包括创新主体出资比重（A_8）、资金预算执行率（A_9）、资金链稳定性（A_{10}）以及突发事件应急反应能力（A_{11}）四个变量；管理风险包括风险管理专业化水平（A_{12}）、项目可行性论证与规划（A_{13}）、技术协同创新信息的共享与传递（A_{14}）以及技术协同创新项目负责人的水平（A_{15}）四个变量；技术风险包括创新团队高级人才比重（A_{16}）、技术创新协作能力（A_{17}）、技术创新项目难度（A_{18}）以及技术创新成果的可替代性（A_{19}）四个变量；道德风险维度包括技术成果知识产权分配（A_{20}）、协作创新主体间信任程度（A_{21}）、协同创新主体自利行为（A_{22}）以及协同创新各主体利益分配（A_{23}）四个变量。由于其他因子的载荷值小于 0.5，因此不予采用。筛选出的 23 个风险变量因素的的因子载荷、内部一致性、变量解释和累积因子载荷如表 3-3 所示。

表 3-2　因子载荷矩阵

Table 3-2　Factor loading matrix

风险指标			因子载荷			
A_1	0.137	0.244	0.180	−0.010	0.107	0.574
A_2	0.423	0.151	−0.077	0.142	0.100	0.110
A_3	0.179	0.116	0.031	0.054	−0.149	0.766
A_4	−0.022	0.140	0.142	0.107	0.227	0.551
A_5	0.640	−0.037	−0.016	0.135	0.057	0.105
A_6	0.540	0.121	0.041	0.085	−0.078	0.376
A_7	0.685	0.071	0.093	0.216	−0.044	0.067
A_8	0.149	0.159	0.024	0.110	0.341	0.099
A_9	0.056	0.282	0.164	0.091	0.236	0.158
A_{10}	0.486	0.134	0.227	0.067	0.138	0.060
A_{11}	0.156	0.443	0.186	0.171	0.411	0.551
A_{12}	0.565	0.282	0.164	0.091	0.236	0.158
A_{13}	0.724	0.311	0.193	−0.012	0.081	0.052
A_{14}	−0.042	0.085	0.286	0.154	0.048	−0.010
A_{15}	0.668	0.262	0.167	0.132	0.194	0.103
A_{16}	0.117	0.462	0.076	−0.026	−0.049	0.053
A_{17}	0.607	0.210	0.321	−0.016	0.278	−0.096
A_{18}	0.704	0.125	0.199	−0.064	0.070	−0.024
A_{19}	0.023	0.161	0.132	0.253	0.275	−0.242
A_{20}	0.140	0.196	−0.062	0.161	0.573	0.129
A_{21}	0.213	0.183	0.316	0.325	0.518	0.115
A_{22}	0.021	−0.043	0.346	0.063	0.034	0.177
A_{23}	0.145	0.398	0.347	0.216	−0.040	0.627
A_{24}	0.016	−0.068	−0.062	0.012	0.611	−0.015
A_{25}	−0.069	0.087	0.153	0.698	0.107	0.045

（续表）

风险指标	因子载荷					
A_{26}	0.357	−0.247	0.286	0.220	−0.279	0.386
A_{27}	0.022	0.212	0.231	0.576	0.239	−0.177
A_{28}	0.084	0.106	0.137	0.518	0.281	0.163
A_{29}	0.008	0.062	0.565	0.049	0.397	0.088
A_{30}	0.225	−0.096	0.179	0.545	0.066	0.229
A_{31}	0.394	0.063	0.579	−0.046	0.370	−0.003
A_{32}	0.354	0.295	0.426	0.107	0.014	−0.037
A_{33}	0.336	0.408	0.050	0.345	0.577	0.384

表 3-3　企业技术协同创新关键风险因素量表

Table 3-3　The scale key risk factors of enterprise technology collaborative innovation

风险维度	风险变量	因子载荷	相关性	方差	累计
政策风险维度	协同创新政策	0.766	0.283	37.402	37.402
	宏观经济形势	0.710	0.327		
	知识产权制度	0.551	0.348		
市场风险维度	知识产权确权率	0.540	0.460	21.856	59.258
	技术行业标准认定率	0.680	0.463		
	成果市场转化率	0.565	0.624		
财务风险维度	创新主体出资比重	0.573	0.364	4.1	63.358
	资金预算执行率	0.518	0.621		
	资金链稳定性	0.607	0.579		
	突发应急反应能力	0.611	0.482		
管理风险维度	风险管理专业水平	0.546	0.421	3.582	70.610
	项目可行性论证	0.579	0.561		
	信息的共享与传递	0.545	0.520		
	技术协同创新项目负责人的水平	0.626	0.611		

（续表）

风险维度	风险变量	因子载荷	相关性	方差	累计
技术风险维度	团队高级人才比重	0.750	0.380	3.67	67.028
	技术创新协作能力	0.699	0.352		
	技术创新项目难度	0.586	0.427		
	成果的可替代性	0.521	0.377		
道德风险维度	成果知识产权分配	0.632	0.439	0.1855	71.732
	各主体间信任程度	0.531	0.699		
	各创新主体自利行为	0.587	0.555		
	创新各主体利益分配	0.553	0.526		

3.4 企业技术协同创新关键风险因素指标体系

综合企业技术协同创新风险过滤矩阵和企业技术协同创新因子分析结果，提炼出企业技术协同创新过程中需要重点防范的关键风险因素指标体系。如表 3-4 所示，企业技术协同创新关键风险因素主要包括政策风险、市场风险、财务风险、管理风险、技术风险以及道德风险等 6 个一级风险指标以及 23 个二级关键风险指标。

表 3-4　企业技术协同创新关键风险因素指标体系

Table 3-4　The risk factors index system of enterprise technology collaborative innovation

一级指标	二级指标
政策风险	协同创新政策（A_1）
	宏观经济形势（A_2）
	知识产权制度（A_3）
市场风险	知识产权确权率（A_4）
	技术行业标准认定率（A_5）
	成果市场转化率（A_6）
	竞争者创新速度（A_7）
财务风险	创新主体出资比重（A_8）
	资金预算执行率（A_9）
	资金链稳定性（A_{10}）
	突发事件应急反应能力（A_{11}）

（续表）

一级指标	二级指标
管理风险	风险管理专业化水平（A_{12}）
	项目可行性论证与规划（A_{13}）
	信息的共享与传递（A_{14}）
	技术协同创新项目负责人水平（A_{15}）
技术风险	创新团队高级人才比重（A_{16}）
	技术创新协作能力（A_{17}）
	技术创新项目难度（A_{18}）
	成果的可替代性（A_{19}）
道德风险	创新成果知识产权分配（A_{20}）
	各创新主体间信任程度（A_{21}）
	各创新主体自利行为（A_{22}）
	创新各主体利益分配（A_{23}）

3.5 本章小结

本章首先选取故障树分析法、财务报表分析法以及筛选—监测—诊断法为代表的风险因素识别方法进行简单介绍，并对各方法的弊端进行了分析，在此基础上提出基于等级全息模型的风险识别方法，并且从风险维度和风险变量两个层次构建了企业技术协同创新风险识别模型；其次，以等级全息模型为基础归纳出企业技术协同创新风险的政策风险、市场风险、财务风险、管理风险、技术风险以及道德风险等 6 个风险维度，详细归纳出 33 个风险变量指标，并分别详细阐述了各指标的具体含义；最后，在专家调查问卷和普通调查问卷双重调查的基础上，基于 RFR 和因子分析法对企业技术协同创新风险因素进行过滤和筛选，最终形成包括 6 个一级风险指标和 23 个二级风险指标的企业技术协同创新关键风险因素指标体系。

第 4 章　企业技术协同创新风险因素关系分析

本书在第 3 章通过引入等级全息建模的方法构建了企业技术协同创新风险的多维度风险识别模型，明确了企业技术协同创新风险和风险因素之间的多维度多层次关系，由此构建了企业技术协同创新关键风险因素指标体系，该体系反映了企业技术协同创新风险的整体结构，但是并没有进一步分析风险与风险之间、风险因素与风险因素之间的相互影响关系。本章的研究不是从风险外在分类方式出发，而是从风险的内在关联出发来构建一种全新的风险结构关系，本书将描述企业技术协同创新风险之间这种作用关系的模型定义为风险关系模型，通过结构方程模型对企业技术协同创新风险结构关系以及各关键风险要素间关联度进行分析，以便为企业技术协同创新风险测评和决策提供可参考的依据。

4.1 概念模型和前提假设

4.1.1 概念模型的提出

由第 3 章可知，企业技术协同创新风险主要包括政策风险、市场风险、财务风险、管理风险、技术风险及道德风险六个方面。以企业技术协同创新系统的边界为标准可以将风险维度划分为内部风险和外部风险两种类型，除协同创新政策风险和市场风险为外部风险外，其余风险维度均为系统内部风险。

在协同创新的内部风险因素中，技术、管理、财务、道德等方面的因素共同构成了技术协同创新的环境条件，上述各方面风险因素一旦形成，必然会对技术协同创新流程中的各项活动的质量和绩效产生影响，甚至会加大其他风险因素生成的可能性及产生的后果。技术因素是协同创新过程中面临的主要风险因素，协同创新项目所应用的技术的差异性会直接影响其与组织管理、知识产权和利益分配以及财务管理的匹配度，因此，技术风险因素可能会影响组织管理、道德风险以及财务管理等方面的风险因素生成的可能性以及产生的后果；而企业技术协同创新需要充足的资金作为经济保障，同时要建立科学合理的财务预算和管理制度，从而保证企业技术协同创新资金链的持续性和完整性，因此，财务风险可直接导致企业技术协同创新项目的停滞或撤销；协作关系和组织管理之间存在着相互影响，某一方面的风险因素一旦生成，就可能导致另一方面风险因素的形成。同时，协作关系的恶化会对知识产权和利益分配产生负面影响，因此，道德风险和管理风险除相互影响外，还可能会通过技术风险或财务风险作用于企业技术协同创新过程。

在协同创新的内部风险因素中，市场和协同创新政策风险因素共同构成了技术协同创新外部环境条件。市场风险不仅会对协同创新的绩效产生影响，进而导致风险后果的发生，而且有可能会通过对协同创新流程的质量产生影响，进而影响内部风险因素发生的可能性及产生的后果。具体表现为市场风险可能会诱发企业技术协同创新系统内部道德风险、财务风险等内部风险的发生；虽然国家协同创新政策在短期内进行重大调整的可能概率较低，但并不能因此忽视其可能会对企业技术协同创新其他风险的影响，协同创新政策风险主要是通过影响技术风险和管理风险等对企业技术协同创新过程产生间接的影响。

综上所述，基于上述分析提出企业技术协同创新风险因素间相互作用的概念模型，如图 4-1 所示。

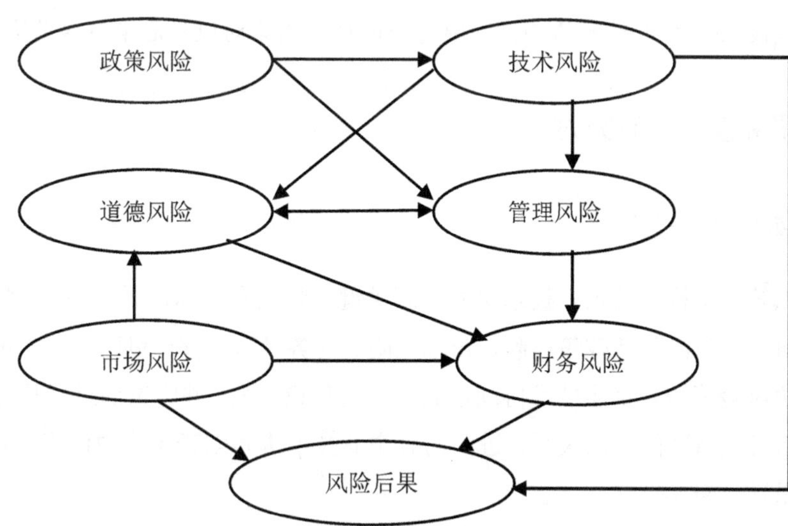

图 4-1　企业技术协同创新风险因素作用关系概念模型

Fig.4-1　The conceptual model of technological innovation risk factors collaborative relationship

4.1.2 待验证的前提假设

根据企业技术协同创新风险要素关系概念模型，提出如下前提假设：

假设 1：企业技术协同创新政策方面的风险对技术方面的风险有显著影响；

假设 2：企业技术协同创新政策方面的风险对管理方面的风险有显著影响；

假设 3：企业技术协同创新市场方面风险因素对财务风险因素有显著影响；

假设 4：企业技术协同创新市场方面风险因素对道德风险因素有显著影响；

假设 5：企业技术协同创新市场方面风险因素对风险后果有显著影响；

假设 6：企业技术协同创新管理方面风险因素对财务风险因素有显著影响；

假设 7：企业技术协同创新管理方面风险因素对道德风险因素有显著影响；

假设 8：企业技术协同创新技术方面风险因素对管理风险因素有显著影响；

假设 9：企业技术协同创新技术方面风险因素对道德风险因素有显著影响；

假设 10：企业技术协同创新技术方面风险因素对风险后果有显著影响；

假设 11：企业技术协同创新道德方面风险因素对财务风险因素有显著影响；

假设 12：企业技术协同创新道德方面风险因素对管理风险因素有显著影响；

假设 13：企业技术协同创新财务方面风险因素对风险后果有显著影响。

4.2 研究设计和研究方法

4.2.1 研究变量设计

以第 3 章构建的企业技术协同创新关键风险因素指标体系为基础，将企业技术协同创新的创新政策风险、市场风险、财务风险、管理风险、技术风险以及道德风险等纳入企业技术协同创新风险的理论框架，并尝试通过结构方程模型分析各变量间的作用关系，进而明确企业技术协同创新风险的作用路径，具体变量详见表 4-1。

表 4-1　企业技术协同创新风险变量及符号

Table 4-1　Variables and symbols of enterprise technology collaborative innovation risk

潜变量符号	潜变量内容	显变量内容	显变量符号
PR	协同创新政策环境风险	协同创新政策	pr_1
		宏观经济形势	pr_2
		知识产权制度	pr_3
MR	市场风险	知识产权确权率	mr_1
		技术行业标准认定率	mr_2
		成果市场转化率	mr_3
		竞争者创新速度	mr_4
FR	财务风险	创新主体出资比	fr_1
		资金预算执行率	fr_2
		资金链稳定性	fr_3
		突发事件应急反应能力	fr_4
SR	管理风险	风险管理专业化水平	sr_1
		项目可行性论证与规划	sr_2
		技术协同创新信息共享与传导	sr_3
		技术协同创新项目负责人水平	sr_4

（续表）

潜变量符号	潜变量内容	显变量内容	显变量符号
TR	技术风险	创新团队高级人才比重	tr_1
		技术创新协作能力	tr_2
		创新项目难度	tr_3
		成果的可替代性	tr_4
ER	道德风险	创新成果知识产权分配	er_1
		各创新主体间信任程度	er_2
		各创新主体自利行为	er_3
		各创新主体利益分配	er_4
RS	风险后果	成本增加	rs_1
		创新成果水平与预期差异	rs_2
		创新时间周期与预期差异	rs_3
		创新效益与预期差异	rs_4

4.2.2 研究方法

本书通过构建结构方程模型的方法明确企业技术协同创新各风险因素之间的作用关系。选择结构模型方法为本章的研究方法的原因主要可归结为以下四个方面：首先，结构方程模型不会受到回归分析假设条件的约束和限制；其次，结构方程模型可对多个风险因素变量进行同步处理；再次，使用结构方程模型对变量测量时允许存在一定的误差；最后，使用结构方程模型可同时对因子结构和因子关系进行估计。

表 4-2　结构方程模型的矩阵概念[114]

Table 4-2　Matrix concept of structural equation modeling

符号	代表意义
	结构模型矩阵
$\boldsymbol{B}$	内生潜在变量被内生潜在变量解释的回归矩阵（回归系数）
$\boldsymbol{\Gamma}$	内生潜在变量被外生潜在变量解释的回归矩阵（回归系数）

（续表）

符号	代表意义
	测量模型矩阵
Λ_x	外生观测变量被外生潜在变量解释的回归矩阵（因素载荷）
Λ_y	内生观测变量被内生潜在变量解释的回归矩阵（因素载荷）
ϕ	外生潜在变量之协方差矩阵（因素共变）
	残差矩阵
Ψ	内生潜在变量被外潜在变量解释的误差项协方差矩阵（解释残差）
Θ_δ	外生观测变量被外生观测变量解释误差项协方差矩阵（X 变量残差）
Θ_ε	内生观测变量被内生潜在变量解释误差项协方差矩阵（Y 变量残差）

结构方程模型分析方法是统计方法的一种，其基本原理是通过构建变量的协方差矩阵对各变量间的关系进行分析，利用调查问卷和访谈等形式收集数据和资料，并以此为基础来明确假设的潜变量之间的相互关系以及确定潜变量与显性指标一致性程度，因此，结构方程模型分析方法实质上是一种验证式模型分析方法[115]。20 世纪 70 年代，Joreskog 和 Wiley 通过将因子分析和路径分析方法进行整合，初步提出了结构方程的概念和雏形；而 Joreskog 通过更进一步的研究，将发展矩阵模型用于处理共变结构的分析问题，并在此基础上提出了测量模型和结构模型的概念[116]；Ullman 对结构方程模型的内涵进行了明确的界定，他指出：结构方程模型指一种验证单个或多个自变量与单个或多个因变量相关关系的多元分析方法，其中自变量和因变量既可以是连续的也可以是离散的[117]。一个完整的结构方程模型包含八项矩阵参数（详见表 4-2）和测量模型（Measurement Model）与结构模型（Structural Model）两个结构层次。

测量模型，也称验证性因子分析模型，主要表示观测变量和潜变量之间的关系。测量模型一般由两个方程式组成，分别规定了内源潜在变量 $\boldsymbol{\eta}$ 和内源观测变量 $\boldsymbol{y}$ 之间，以及外源潜在变量 $\boldsymbol{\xi}$ 和外源观测变量 $\boldsymbol{x}$ 之间的联系[118]。模型形式为：

$$\boldsymbol{x} = \boldsymbol{\Lambda}_x \xi + \boldsymbol{\delta} \tag{4-1}$$

$$\boldsymbol{y}=\boldsymbol{\Lambda}_y\boldsymbol{\eta}+\boldsymbol{\varepsilon} \tag{4-2}$$

式中，$\boldsymbol{x}$ 是外生观测变量向量，由 $q\times1$ 向量组成；ξ 为外生潜在变量向量，由 $n\times1$ 向量组成；$\boldsymbol{\Lambda}_x$ 为 $\boldsymbol{x}$ 在 ξ 上的 $q\times n$ 因子负荷矩阵；$\boldsymbol{\delta}$ 由 $q\times1$ 外生观测变量的残差项向量组成；$\boldsymbol{y}$ 由 $p\times1$ 内生观测变量向量组成，$\boldsymbol{\eta}$ 由 $m\times1$ 内生潜在变量向量组成，$\boldsymbol{\Lambda}_y$ 为 $\boldsymbol{y}$ 在 $\boldsymbol{\eta}$ 上的 $p\times m$ 因子负荷矩阵，$\boldsymbol{\varepsilon}$ 由 $p\times1$ 内生观测向量的残差项向量组成。

结构模型主要表示各潜变量间的相互作用关系，对研究假设的外源和内源潜变量的因果关系进行了明确规定，因此，结构模型也可称为因果关系模型，其模型的数学表达式为：

$$\boldsymbol{\eta}=\boldsymbol{B}\boldsymbol{\eta}+\boldsymbol{\Gamma}\xi+\zeta \tag{4-3}$$

在上式中，内生潜变量间的关系用 $\boldsymbol{B}$ 表示，所有内生潜变量的关系组成 $m\times m$ 系数矩阵，外源对内源潜变量的影响用 $\boldsymbol{\Gamma}$ 表示，是 $m\times m$ 系数矩阵，$\boldsymbol{\zeta}$ 是 $m\times1$ 的结构方程的残差向量，反映了方程中未能被解释的部分[119]。

构建架构方程模型的通常包括四个基本步骤，具体体现为：

首先，模型的识别。模型识别指概念模型中的任一未知参数能否通过所收集资料和数据计算出其唯一解作为参数的估计值。对于模型中的任意参数，假如不能以样本变异数与共变量的函数式表示，表明该参数不能有效识别，反之，则表示该参数可以有效识别。

其次，参数估计。参数估计的基本假设前提：第一，测量模型误差项 $\boldsymbol{\varepsilon}$，$\boldsymbol{\delta}$ 的均值为 0；第二，结构模型的残差项 $\boldsymbol{\zeta}$ 的均值为 0；第三，误差项 $\boldsymbol{\varepsilon}$，$\boldsymbol{\delta}$ 与因子 $\boldsymbol{\eta}$，$\boldsymbol{\zeta}$ 之间不相关，误差项 $\boldsymbol{\varepsilon}$ 与 $\boldsymbol{\delta}$ 不相关；第四，残差项 $\boldsymbol{\zeta}$ 与 ξ，$\boldsymbol{\eta}$，$\boldsymbol{\delta}$ 之间不相关[120]。参数估计策略主要包括加权最小平方策略（WLS）、最大概似法（ML）、无加权最小平方法（ULS）、一般化最小平方法（GLS）以及渐进分布自由法（ADF）等。

再次，模型拟合评价。模型拟合评价包括参数检验和模型整体评价两个方面。参数检验一般分为显著性检验和合理性检验两种类型。参数显著性检验又称为 t 检验，t=参数估计值/标准误差，一般 t 的绝对值大于 2，则参数即可达到 0.05 的显著水平；参数的合理性检验主要是检验参数估计值是否有合理的实际意义，主要包括模型参数的取值范围是否合理、模型参数能否被合理解释以及模型参数符号是否与理论假设相吻合三个方面。模型整体性评价指标、标准及适用范围如表 4-3 所示。

表 4-3　模型整体评价指标、标准及适用范围

Table 4-3　The evaluation, standards and scope of model

指标名称	指标含义	标准	适用情形
	残差分析		
未标准化残差 *RMR*	未标准化假设模型整体残差	越小越好	了解残差特性
标准化残差 *SRMR*	标准化模型整体残差	<0.08	了解残差特性
	绝对拟合效果指标		
卡方值	导出矩阵与观测矩阵相似程度		
卡方自由度比	卡方值/自由度	<2	不受模型复杂度影响
拟合指数 *GFI*	模型可解释观测数据的方差与协方差比	>0.90	说明模型解释力
调整拟合指数 *AGFI*	模型自由度和参数调整的 *AGFI*	>0.90	不受模型复杂度影响
简效拟合指数 *PGFI*	模型自由度和参数调整的 *PGFI*	>0.50	说明模型简单程度
	相对拟合效果指标		
正规拟合指数 *NFI*	假设模型与独立模型的卡方差异	>0.90	说明模型较虚无模型的改善程度
非正规拟合指数 *NNFI*	用模型自由度和参数数目调整的 *NFI* 替代性指标	>0.90	不受模型复杂程度影响
非集中性参数 *NCP*	假设模型的卡方值距离中央卡方值分布的离散程度	越小越好	说明假设模型矩阵中央卡方值的程度
相对拟合指数 *CFI*	假设与独立模型的非中央性差异	>0.95	适合小样本
平均误根系数 *RMSEA*	比较理论模型与饱和模型的差距	<0.05	不受模型复杂度影响
讯息指数 *AIC*	经过减效调整的模型拟合度的波动性	越小越好	适用效度复核非嵌套模型比较
一致信息指数 *CAIC*	从样本量方面对 *AIC* 进行调整	越小越好	适用效度复核非嵌套模型比较
关键样本指数 *CN*	接受假设模型所需的样本数目	>200	反映样本规模的适切性

最后，模型修正。模型修正要遵循省俭原则，即两个模型拟合度差别不大的情况下，应取两个模型中较简单的模型；拟合度差别很大，应采取拟合更好的模型，暂不考虑模型的简洁性；采用的模型应是用较少参数但符合实际意义且能较好拟合数据的模型。模型修正一般包括两个方向：一方面，模型扩展。修正指数的函数表达式为：

$$CR = \frac{\chi^2}{df} \tag{4-4}$$

MI 表示的是单个固定或限制参数被恢复自由时，其卡方值可能减少的最小的量。如果 *MI* 变化很小，则修正没有意义；通常认为 *MI*>4，模型修正才有意义。另一方面，模型简约。临界指数表示为：

$$MI = x_1^2 - x_m^2 \tag{4-5}$$

CR 通过自由度调整卡方值，以供选择参数不是过多，又能满足一定拟合度的模型，寻找 *CR* 比率最小者。

4.3 结构方程模型分析

4.3.1 信度和效度分析

第一，信度分析。信度即为可靠性，指的是同一方法对同一客体多次测量结果的一致性程度。常用的信度分析方法包括 α 信度系数法、复本信度法、重测信度法以及折半信度法等 [121]。本书采用 Cronbach's α 信度系数方法，其计算公式为：

$$\alpha = \frac{k}{k-1}\left(1 - \sum \frac{S_i^2}{S^2}\right) \tag{4-6}$$

在上式中，k 表示量表中的题项数量，S_i^2 表示第 i 项得分的方差，S^2 表示全部题项总得分的方差。从公式中可以看出，α 系数评价的是量表中各题项得分间的一致性，属于内在一致性系数。

一般情况下，对于调查问卷和量表而言，其信度系数大于 0.8 表示该问卷或量表的信度良好；如果信度系数处于 0.7 与 0.8 之间，问卷和量表的结果也可用于研究；假如信度系数在 0.6～0.7 之间，虽然也可用于研究，但其研究结果的准确性会受到影响；假如信度系数小于 0.6，那么表明此次问卷调查数据不可用。

从表 4-4 可知，企业技术协同创新风险潜变量的 Cronbach's α 系数均大于 0.7，表明企业技术协同创新风险潜变量信度通过了内部一致性检验，且调查问卷具有良好的信度。

表 4-4　企业技术协同创新风险变量信度检测结果

Table 4-4　The reliability test results of enterprise technology collaborative innovation risk

潜变量	显变量	Cronbach's α
协同创新政策环境风险 PR	协同创新政策 pr_1	0.870
	宏观经济形势 pr_2	
	知识产权制度 pr_3	
市场风险 MR	知识产权确权率 mr_1	0.797
	技术行业标准认定率 mr_2	
	成果市场转化率 mr_3	
	竞争者创新速度 mr_4	
财务风险 FR	创新主体出资比 fr_1	0.752
	资金预算执行率 fr_2	
	资金链稳定性 fr_3	
	突发事件应急反应能力 fr_4	
管理风险 SR	风险管理专业化水平 sr_1	0.819
	项目可行性论证与规划 sr_2	
	技术协同创新信息共享与传导 sr_3	
	技术协同创新项目负责人水平 sr_4	
技术风险 TR	创新团队高级人才比重 tr_1	0.854
	技术创新协作能力 tr_2	
	创新项目难度 tr_3	
	成果的可替代性 tr_4	

（续表）

潜变量	显变量	Cronbach's α
道德风险 ER	创新成果知识产权分配 er_1	0.896
	各创新主体间信任程度 er_2	
	各创新主体自利行为 er_3	
	创新各主体利益分配 er_4	
风险后果 RS	成本增加 rs_1	0.733
	创新成果水平与预期差异 rs_2	
	创新时间周期与预期差异 rs_3	
	创新效益与预期差异 rs_4	

第二，效度分析。效度指测量结果的有效性程度，具体指所测量到的结果与实际考察内容的契合程度，测量结果与要考察内容越吻合，则效度越高；反之，则效度越低[122]。本章为检验企业技术协同创新风险变量是否适合进行结构方程分析，从收敛效度和区别效度两方面进行了分析。

（1）收敛效度分析。通过构建企业技术协同创新风险变量的 CAF 模型，对 CAF 模型的拟合效果以及回归参数进行分析，以检验各风险变量的收敛效度。

由表 4-5 可以看出，量表整体和各子量表 CAF 模型的 χ^2 值显著性概率均>0.05；$\frac{\chi^2}{df}$ 值均<3；*GFI*、*NFI*、*GFI*、*FII* 等均大于 0.9；*AGFI* 均>0.8，*TLI* 均>0.95；*RMR* 均<0.05，*RSMAE* 均<0.06。由上述各项测评指标可以看出，各测评指标均接近理想值，由此表明模型的拟合效果符合要求。

表 4-5　各测评项 CAF 模型的拟合效果

Table 4-5　Fitting effect of measure's CAF model

测试项	χ^2	*df*	*p*	χ^2/df	*GFI*	*AGFI*
政策风险	6.048	3	0.335	2.016	0.985	0.953
市场风险	7.329	4	0.328	1.832	0.983	0.952
财务风险	4.108	2	0.188	2.054	0.977	0.955
管理风险	5.192	3	0.174	1.731	0.991	0.960
技术风险	4.397	2	0.173	2.189	0.973	0.941
道德风险	4.599	4	0.196	1.150	0.961	0.948
风险后果	4.978	3	0.277	1.659	0.964	0.947

（续表）

测试项	χ^2	*df*	*p*	χ^2/df	*GFI*	*AGFI*
量表整体	366.952	272	0.085	1.349	0.924	0.911
测试项	*CFI*	*TLI*	*NFI*	*IFI*	*RMR*	*RMSEA*
政策风险	0.994	0.985	0.978	0.978	0.016	0.022
市场风险	0.984	0.977	0.959	0.979	0.026	0.000
财务风险	0.996	1.000	1.000	0.995	0.008	0.000
管理风险	1.000	0.998	1.000	0.991	0.008	0.000
技术风险	0.996	0.962	0.945	0.996	0.014	0.026
道德风险	0.979	0.968	0.962	0.985	0.016	0.006
风险后果	1.000	1.000	1.000	0.998	0.011	0.000
量表整体	0.985	0.973	0.939	0.984	0.031	0.024

由表 4-6 可知，子量表中潜变量对显变量回归系数的临界比均>1.96，标准差均>0，估计的 R^2 均>0.3。由此可知，企业技术协同创新风险变量符合对潜变量的解释要求，无须删除任何变量。

表 4-6　各测评项 CAF 模型的回归参数估计

Table 4-6　Regression parameter estimation of measure’ CAF smodel

变量←因子	标准化估计值	估计值	临界值（*C.R.*）	显著性概率	R^2
pr_1←PR	0.756	0.825	8.321	0.000	0.572
pr_2←PR	0.696	0.668	7.775	0.000	0.484
pr_3←PR	0.787	1.000	—	—	0.619
mr_1←MR	0.796	0.986	11.975	0.000	0.633
mr_2←MR	0.845	0.981	12.659	0.000	0.714
mr_3←MR	0.867	1.000	—	—	0.752
mr_4←MR	0.836	0.945	10.376	0.000	0.676
fr_1←FR	0.779	1.000	—	—	0.607
fr_2←FR	0.818	1.039	10.408	0.000	0.669
fr_3←FR	0.732	0.917	9.976	0.000	0.536
fr_4←FR	0.869	1.112	10.479	0.000	0.755
sr_1←SR	0.747	0.983	9.968	0.000	0.558
sr_2←SR	0.714	0.919	9.767	0.000	0.510

（续表）

变量←因子	标准化估计值	估计值	临界值（$C.R.$）	显著性概率	R^2
sr_3←SR	0.824	1.000	—	—	0.678
sr_4←SR	0.784	0.998	10.106	0.000	0.615
tr_1←TR	0.754	0.851	10.101	0.000	0.569
tr_2←TR	0.768	0.885	11.864	0.000	0.590
tr_3←TR	0.797	1.000	—	—	0.635
tr_4←TR	0.699	0.725	8.552	0.000	0.488
er_1←ER	0.812	1.234	11.376	0.000	0.659
er_2←ER	0.715	0.748	8.995	0.000	0.512
er_3←ER	0.786	1.000	—	—	0.618
er_4←ER	0.807	1.196	11.216	0.000	0.651
rs_1←RS	0.636	0.618	7.561	0.000	0.404
rs_2←RS	0.805	0.946	8.643	0.000	0.648
rs_3←RS	0.811	1.000	—	—	0.658
rs_4←RS	0.785	0.911	8.218	0.000	0.616

（2）区别效度分析。具体步骤为：第一，设定变量间的相关系数，通常设为1；第二，对有此约束的 CAF 模型的 χ^2 值与无此约束的 CAF 模型的 χ^2 值进行比较；第三，若比较结果是前者大于后者且在既有自由度下达到显著水平，则表明两变量间具有区别效度，反之，则不具有区别效度。分析结果如表 4-7 和表 4-8 所示。

表 4-7　子量表的区别效度

Table 4-7　Discriminated validity of subscale

子量表	相比较的显变量		原模型的 χ^2	约束模型的 χ^2	显著性水平
协同创新政策风险	pr_1	pr_2	1.884	22.998	0.000
	pr_1	pr_2		30.011	0.000
	pr_2	pr_3		49.933	0.000
市场风险	mr_1	mr_2	3.129	42.852	0.000
	mr_1	mr_3		40.896	0.000
	mr_1	mr_4		76.907	0.000
	mr_2	mr_3		79.102	0.000

（续表）

子量表	相比较的显变量		原模型的 χ^2	约束模型的 χ^2	显著性水平
市场风险	mr_2	mr_4	3.129	37.202	0.000
	mr_3	mr_4		25.904	0.000
财务风险	fr_1	fr_2	1.390	30.197	0.000
	fr_1	fr_3		28.023	0.000
	fr_1	fr_4		49.876	0.000
	fr_2	fr_3		49.662	0.000
	fr_2	fr_4		30.996	0.000
	fr_3	fr_4		70.955	0.000
管理风险	sr_1	sr_2	5.879	55.783	0.000
	sr_1	sr_3		67.981	0.000
	sr_1	sr_4		61.907	0.000
	sr_2	sr_3		49.973	0.000
	sr_2	sr_4		99.029	0.000
	sr_3	sr_4		88.196	0.000
技术风险	tr_1	tr_2	2.431	11.976	0.000
	tr_1	tr_3		18.531	0.000
	tr_1	tr_4		36.953	0.000
	tr_2	tr_3		92.221	0.000
	tr_2	tr_4		18.011	0.000
	tr_3	tr_4		79.192	0.000
道德风险	er_1	er_2	6.792	43.977	0.000
	er_1	er_3		39.086	0.000
	er_1	er_4		48.639	0.000
	er_2	er_3		36.062	0.000
	er_2	er_4		66.886	0.000
	er_3	er_4		60.982	0.000
风险后果	rs_1	rs_2	2.442	39.076	0.000
	rs_1	rs_3		32.885	0.000
	rs_1	rs_4		36.659	0.000
	rs_2	rs_3		66.990	0.000
	rs_2	rs_4		72.336	0.000
	rs_3	rs_4		110.394	0.000

表 4-8　整体测评模型潜变量的区别效度

Table 4-8　Discriminant validity of latent variables

相比较的显变量		原模型的 χ^2	约束模型的 χ^2	显著性水平
协同创新政策风险	市场风险	376.085	488.784	0.000
	财务风险		469.067	0.000
	管理风险		438.362	0.000
	技术风险		455.651	0.000
	道德风险		408.768	0.000
	风险后果		419.664	0.000
市场风险	财务风险	376.085	411.804	0.000
	管理风险		464.974	0.000
	技术风险		422.886	0.000
	道德风险		403.526	0.000
	风险后果		410.885	0.000
财务风险	管理风险	376.085	431.997	0.000
	技术风险		422.846	0.000
	道德风险		408.472	0.000
	风险后果		469.067	0.000
管理风险	技术风险	376.085	399.982	0.000
	道德风险		438.642	0.000
	风险后果		417.557	0.000
技术风险	道德风险	376.085	473.884	0.000
	风险后果		418.763	0.000
道德风险	管理风险	376.085	436.846	0.000
	风险后果		455.651	0.000

由表 4-7 和表 4-8 可以看出，在对相互比较的变量加上约束后，整体测评模型和子量表 CAF 模型的 χ^2 值均增大，而且 χ^2 值在 0.05 水平上显著。从而证明总量表具有区别效度且潜变量和显变量之间没有可替代性。

4.3.2 结构方程模型的检验与修正

（1）正态性检验。运用极大似然法（ML）对结构方程模型进行估计时，需要满足观测变量多元正态分布的前提条件，本章所采用的方法为对偏度和峰度进行检验分析。一般情况下，样本数据中中位数与中值相近，且同时符合符合偏度<2 且峰度<5 的条件，即可表明变量服从正态分布。从表 4-9 可知，变量的偏度和峰度的绝对值均未超过 2，从而表明本章所构建的研究模型变量符合正态分布。

表 4-9 变量的正态性检验

Table 4-9 Normality test of variable

变量	偏度		峰度	
	统计量	标准差	统计量	标准差
协同创新政策风险 PR				
pr_1	−0.171	0.178	−0.426	0.383
pr_2	−0.216	0.178	−0.272	0.383
pr_3	0.277	0.178	0.300	0.383
市场风险 MR				
mr_1	−0.097	0.178	−0.552	0.383
mr_2	0.115	0.178	0.436	0.383
mr_3	−0.108	0.178	−0.813	0.383
mr_4	0.189	0.178	0.462	0.383
财务风险 FR				
fr_1	−0.108	0.178	−0.438	0.383
fr_2	−0.211	0.178	0.274	0.383
fr_3	0.314	0.178	−0.221	0.383
fr_4	0.267	0.178	0.254	0.383
管理风险 SR				
sr_1	−0.241	0.178	−0.094	0.383
sr_2	−0.117	0.178	−0.108	0.383
sr_3	−0.312	0.178	0.528	0.383
sr_4	0.213	0.178	0.194	0.383

（续表）

变量	偏度		峰度	
	统计量	标准差	统计量	标准差
技术风险 TR				
tr_1	−0.201	0.178	0.749	0.383
tr_2	−0.108	0.178	−0.542	0.383
tr_3	−0.197	0.178	−0.415	0.383
tr_4	0.169	0.178	−0.350	0.383
道德风险 ER				
er_1	−0.272	0.178	−0.257	0.383
er_2	0.341	0.178	0.135	0.383
er_3	−0.211	0.178	0.260	0.383
道德风险 ER				
er_4	0.529	0.178	0.739	0.383
风险后果 RS				
rs_1	−0.173	0.178	−0.289	0.383
rs_2	−0.146	0.178	0.163	0.383
rs_3	−0.161	0.178	0.643	0.383
rs_4	0.240	0.178	0.290	0.383

（2）模型的初步拟合与评价。以图 4-1 所绘制的风险传导路径概念模型为基础，运用 AMOS 17.0 软件初步绘制出可识别的企业技术协同创新风险传导路径结构方程模型，如图 4-2 所示。

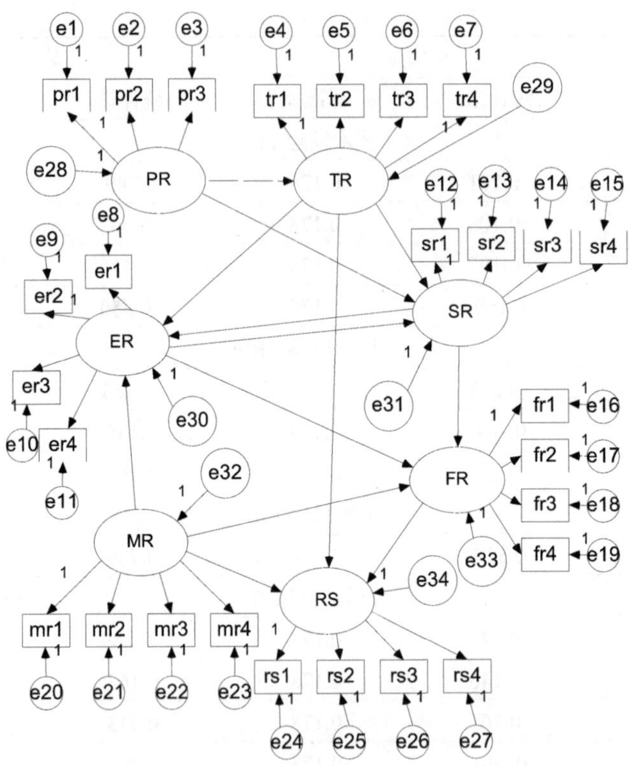

图 4-2　企业技术协同创新风险要素作用关系初始结构方程模型

Fig.4-2　Initial structural equation model on enterprise technology collaborative innovation risk transfer path

该模型公设置外显变量 27 个（pr_1、pr_2、pr_3、mr_1、mr_2、mr_3、mr_4、fr_1、fr_2、fr_3、fr_4、sr_1、sr_2、sr_3、sr_4、tr_1、tr_2、tr_3、tr_4、er_1、er_2、er_3、er_4、rs_1、rs_2、rs_3、rs_4），通过对 27 个外显变量和 7 个潜变量（PR 协同创新政策风险、MR 市场风险、FR 财务风险、SR 管理风险、TR 技术风险、ER 道德风险以及 RS 风险后果）进行测量，其中初始结构方程模型中的$e_i(i=1,2,\cdots,3,4)$表示各显变量和潜变量的残差，初始结构方程模型路径上的 1 表示路径系数为固定值 1。

通过 AMOS 17.0 对相关数据的运算，最终得出企业技术协同创新风险作用关系初始结构方程模型的拟合检验结果，如表 4-10 所示。

表 4-10　初始结构方程模型拟合检验结果

Table 4-10　Fit test results of initial structural equation model

χ^2	df	χ^2/df	p	GFI	$AGFI$	NFI
978.21	684	1.431	0.046	0.921	0.879	0.929

$PNFI$	CFI	TLI	IFI	RMR	$RMSEA$
0.727	0.991	0.997	0.997	0.038	0.066

从表 4-10 可以看出，初始结构方程模型的χ^2为 978.21，df 值为 684，χ^2/df =1.43<2，表示该结构方程模型的拟合效果良好。此外，初始模型的 *GFI*、*NFI*、*CFI*、*IFI* 均大于推荐标准 0.9；*AGFI*>0.8，高于推荐标准。综上所述，初始结构方程模型的拟合效果良好，模型可以接受。

表 4-11 是初始结构方模型参数估计结果，从表中可看出初始结构模型中除管理风险对道德风险和道德风险对财务风险两条路径的路径系数（*C.R.*）值小于参考值 1.96 之外，其余的初始结构方程路径均大于 1.96，且在 $p<0.05$ 水平上具有统计显著性。

表 4-11　初始模型参数估计结果

Table 4-11　Parameter estimation results of initial structural equation model

路径	标准化路径系数	路径系数	CR	p
管理风险←政策风险	0.632	0.606	8.209	0.000
技术风险←政策风险	0.712	0.689	9.733	0.000
财务风险←市场风险	0.656	0.708	8.669	0.000
道德风险←市场风险	0.654	0.602	8.647	0.000
风险后果←市场风险	0.636	0.624	8.177	0.001
财务风险←管理风险	0.773	0.712	9.301	0.000
道德风险←管理风险	0.039	0.033	0.251	0.597
管理风险←技术风险	0627	0.610	9.322	0.001
道德风险←技术风险	0.898	0.916	12.771	0.000
风险后果←技术风险	0.735	0.643	9.127	0.000
财务风险←道德风险	0.053	0.046	0.648	0.828
管理风险←道德风险	0.921	0.815	12.278	0.000
风险后果←财务风险	0.698	0.574	7.526	0.000

（3）模型的修正与确定。从表 4-12 可看出，修正结构方程模型的 χ^2 为 971.92，df 值为 681，χ^2/df=1.348<2，表明修正结构方程模型的拟合效果良好。此外，初始模型的 *GFI*、*NFI*、*CFI*、*IFI* 均大于推荐标准 0.9；*AGFI*>0.8，高于推荐标准。综上所述，修正结构方程模型的拟合效果良好，模型可以接受。从表 4-13 可看出，修正结构方程路径系数均大于 1.96，且在 $p<0.05$ 水平上具有统计显著性，综合表 4-12 修正结构方程模型拟合检验结果，表明修正模型的拟合效果良好，模型得到确认。如表 4-14 所示，已确认模型的各测量模型因子载荷系数对应的 *CR* 值均大于 1.96 的参考值，表明各因子载荷系数在 $p<0.05$ 水平上具有统计显著性[123]。

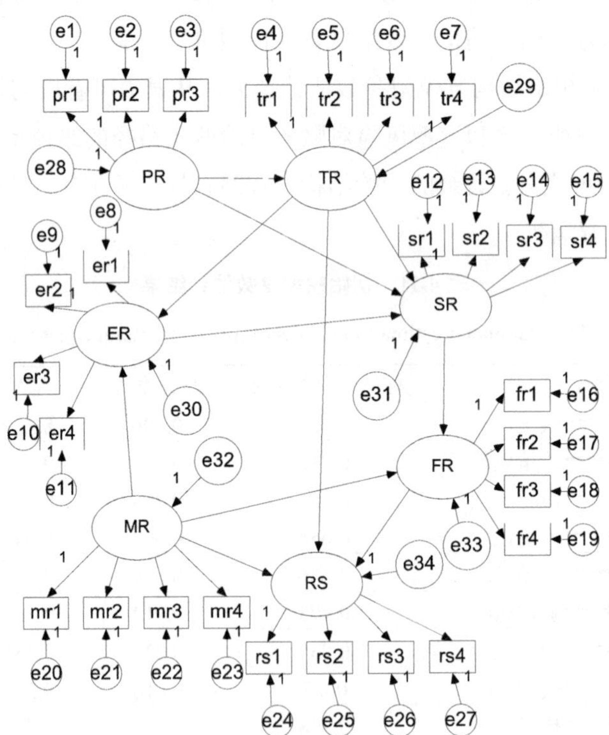

图 4-3　企业技术协同创新风险要素作用关系修正结构方程模型

Fig.4-3　Fixed structural equation model of enterprise technology collaborative innovation risk transfer path

表 4-12　修正结构方程模型拟合检验结果

Table 4-12　Fit test results of fixed structural equation model

χ^2	df	χ^2/df	p	GFI	$AGFI$	NFI
971.92	681	1.428	0.044	0.923	0.879	0.929

$PNFI$	CFI	TLI	IFI	RMR	$RMSEA$
0.729	0.993	0.997	0.997	0.038	0.066

表 4-13　修正模型的参数估计结果

Table 4-13　Parameter estimation results of fixed structural equation model

路径	标准化路径系数	路径系数	CR	p
管理风险⟵政策风险	0.648	0.634	8.125	0.000
技术风险⟵政策风险	0.723	0.718	9.774	0.000
财务风险⟵市场风险	0.665	0.728	8.966	0.000
道德风险⟵市场风险	0.646	0.602	8.347	0.000
风险后果⟵市场风险	0.696	0.647	8.078	0.001
财务风险⟵管理风险	0.737	0.721	9.103	0.000
管理风险⟵技术风险	0.672	0.631	8.233	0.001
道德风险⟵技术风险	0.819	0.916	12.839	0.000
风险后果⟵技术风险	0.726	0.639	9.276	0.000
管理风险⟵道德风险	0.908	0.860	13.023	0.000
风险后果⟵财务风险	0.689	0.547	7.625	0.000

4.3.3 结果分析

根据结构方程模型的运算结果分析，概念模型中 13 个假设通过检验，具体验证结果为：

假设 1：由表 4-13 可知，企业技术协同创新政策风险可以直接引发或影响管理风险（路径系数=0.634，$CR=8.125$，$p=0.000$），因此该假设成立。

假设 2：由表 4-13 可知，企业技术协同协同创新政策风险对技术风险具有直接的影响（路径系数=0.718，$CR=9.774$，$p=0.000$），因此该假设成立。

假设 3：由表 4-13 可知，企业技术协同创新的市场风险能够直接影响财务风险（路径系数=0.728，$CR=8.966$，$p=0.000$），因此该假设成立。

假设 4：由表 4-13 可知，企业技术协同创新市场风险能够直接影响道德风险（路径系数=0.602，$CR=8.347$，$p=0.000$），因此该假设成立。

假设 5：由表 4-13 可知，企业技术协同创新市场方风险能够直接导致风险后果（路径系数=0.647，$CR=8.078$，$p=0.001$），因此该假设成立。

表 4-14　测量模型各变量的标准因子载荷

Table 4-14　Standard factors loading of measurement model variables

变量		标准化估计值	估计值	临界值	显著性概率
协同创新政策风险	pr_1	0.766	0.895	9.205	0.000
	pr_2	0.713	0.786	8.275	0.000
	pr_3	0.779	1.000	—	—
市场风险	mr_1	0.778	0.924	11.662	0.000
	mr_2	0.816	0.957	12.603	0.000
	mr_3	0.869	1.000	—	—
	mr_4	0.890	1.098	11.697	0.000
财务风险	fr_1	0.783	1.000	—	—
	fr_2	0.815	1.030	10.434	0.000
	fr_3	0.742	0.928	9.976	0.000
	fr_4	0.729	0.806	8.863	0.000
管理风险	sr_1	0.721	0.973	10.335	0.000
	sr_2	0.694	0.895	9.438	0.000
	sr_3	0.858	1.000	—	—
	sr_4	0.804	0.961	10.903	0.000
技术风险	tr_1	0.766	0.873	10.862	0.000
	tr_2	0.784	0.933	11.331	0.000
	tr_3	0.799	1.000	—	—
	tr_4	0.765	0.942	10.382	0.000
道德风险	er_1	0.850	1.207	10.945	0.000
	er_2	0.744	0.855	9.365	0.000

（续表）

变量		标准化估计值	估计值	临界值	显著性概率
道德风险	er_3	0.804	1.000	—	—
	er_4	0.839	1.138	10.668	0.000
风险后果	rs_1	0.653	0.699	7.606	0.000
	rs_2	0.789	0.905	80885	0.000
	rs_3	0.820	1.000	—	—
	rs_4	0.795	0.930	8.276	0.000

注：表中部分变量因设置负荷为 1，因此不计算 CR 值和 p 值。

假设 6：由表 4-13 可知，企业技术协同创新管理风险能够直接影响财务风险（路径系数=0.721，$CR = 9.103$，$p = 0.000$），因此该假设成立。

假设 8：由表 4-13 可知，企业技术协同创新管理风险能够直接导致风险后果（路径系数=0.719，$CR = 9.473$，$p = 0.000$），因此该假设成立。

假设 9：由表 4-13 可知，企业技术协同创新技术风险能够直接影响管理风险（路径系数=0.631，$CR = 8.233$，$p = 0.001$），因此该假设成立。

假设 10：由表 4-13 可知，企业技术协同创新技术风险能够直接导致风险后果（路径系数=0.639，$CR = 9.276$，$p = 0.000$），因此该假设成立。

假设 12：由表 4-13 可知，企业技术协同创新技术风险能够直接影响道德风险（路径系数=0.916，$CR = 12.839$，$p = 0.000$），因此该假设成立。

假设 13：由表 4-13 可知，企业技术协同创新财务风险能够直接导致风险后果产生（路径系数=0.547，$CR = 7.625$，$p = 0.000$），因此该假设成立。

对基于概念模型的 4.1.2 的前提假设进行验证，其中 2 个假设未能通过检验，具体验证结果为：

假设 7：由表 4-13 可知，企业技术协同创新管理方面风险不会对道德风险产生直接的影响（路径系数=0.251，$CR = 0.597$），表明技术协同创新管理风险因素不会直接或间接导致管理风险方面因素的形成。

假设 11：由表 4-13 可知，企业技术协同创新道德方面风险不会对财务风险产生直接的影响（路径系数=0.046，$CR = 0.828$），表明技术协同创新道德风险因素不会直接或间接导致财务风险方面因素的形成。

综上所述，本书基于概念模型假设构建的企业技术协同创新风险关系的结构方程模型经过检验、调整以及修正，最终明确了企业技术协同创新风险关键风险因素的相互作用关系并验证了其合理性，如图 4-4 所示。

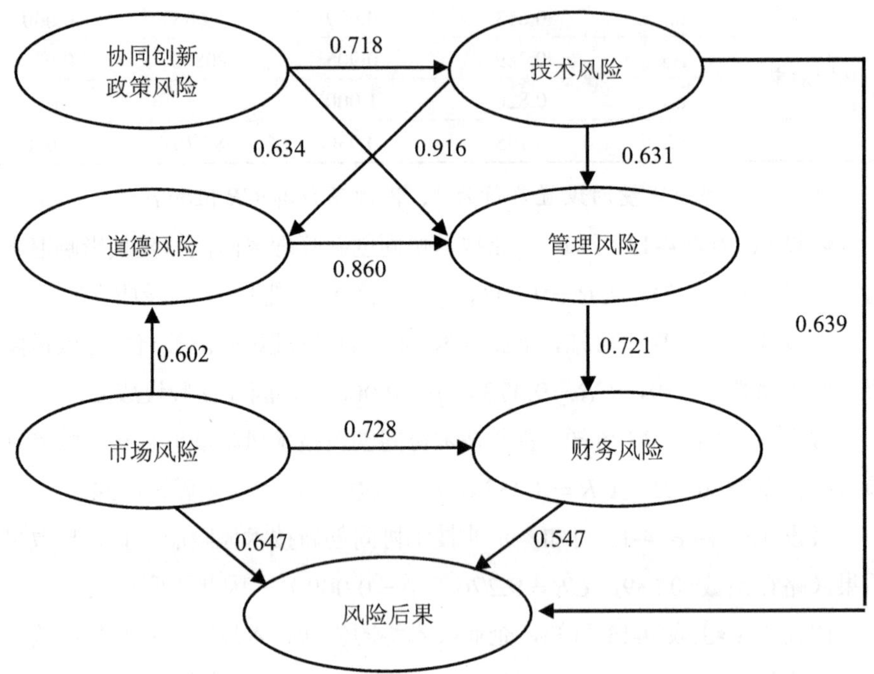

图 4-4　企业技术协同创新关键风险因素作用关系图

Fig.4-4　The interactions of enterprise technology collaborative innovation risk

本章基于企业技术协同创新风险要素作用关系概念模型假设的验证，明确了企业技术协同创新关键风险因素的结构关系，对企业技术协同创新风险测评与风险控制具有重要的参考价值，除此之外，本章的研究成果对企业技术协同创新风险管理的实践也具有一定的启示和现实意义，具体体现在两个方面：

一方面，企业技术协同创新风险测评和预防不能仅考虑风险因素本身，同时也要对风险因素间的相互作用和影响关系进行考量。从本章的研究可以看出，企业技术协同创新风险因素能够直接对企业技术协同创新过程和绩效产生影响，同时也能够通过影响其他风险因素的形成和发展而对企业技术协同创新过程和绩效产生间接的影响。因此，仅考虑风险因素本身的风险控制机制无法有效地对企业技术协同创新的风险进行预防和控制，甚至会出现南辕北辙的情况。

另一方面，市场风险、技术风险以及财务风险是企业技术协同创新过程中能够直接导致风险后果的关键风险因素，因此，企业在技术协同创新过程中需要加强对技术协同创新市场风险、技术风险以及财务风险的防范，能否有效地对市场风险、技术风险以及财务风险进行有效的控制是技术协同创新活动顺利实施和进行的关键。

4.4 本章小结

本章以结构方程模型为基础,最终明确了企业技术协同创新风险要素间的相互作用关系并验证了其合理性。研究表明：企业技术协同创新风险要素中财务风险和市场风险能够直接对风险后果产生影响，其他要素则通过影响财务风险要素对风险后果产生间接的影响，因此，要加强对企业技术协同创新市场风险和财务风险的重点防范和控制。此外，本章的研究成果不仅对企业技术协同创新风险传导理论研究具有重要的参考价值，还对企业技术协同创新风险管理的实践具有一定的启示和现实意义。

第 5 章　基于可拓物元模型的技术协同创新风险测评

企业技术协同创新风险的测评是对于技术创新项目风险的影响和后果所进行的评价和估量，主要包括对风险可能性概率、风险的影响程度、影响范围以及影响的时间频率和节点进行评估和测量。任何风险管理活动都包括风险识别、风险测评以及风险控制与管理三个基本步骤。而企业技术协同创新风险的测评在企业技术协同创新活动中的作用尤为重要，其风险测评的准确与否直接关系着企业技术协同创新活动能否对潜在风险进行有效预防并将其企业技术协同创新可能遭受的损失降至最低。

第 3 章以等级全息模型为基础归纳出企业技术协同创新风险的政策风险、市场风险、财务风险、管理风险、技术风险以及道德风险六个风险维度，并在专家调查问卷和普通调查问卷双重调查的基础上，基于 RFR 和因子分析法对企业技术协同创新风险因素进行过滤和筛选，最终构建了包括 6 个一级风险指标和 23 个二级风险指标的企业技术协同创新关键风险因素指标体系。而本章正是在此基础上以可拓物元理论为基础，通过定量分析进一步明确企业技术协同创新风险的风险状态和风险等级，从而为企业技术协同创新风险决策和防控策略的制定提供可参考的依据，以保证企业技术协同创新项目的顺利实施。

5.1 企业技术协同创新风险测评方法的选择

由于企业技术协同创新风险变量指标体系较为复杂且风险因素较多，而且各个风险变量指标的动态演化规律也千差万别，其中部分定性指标无法进行准确量化，具有一定的模糊性，从而给企业技术协同创新的风险测评造成了阻碍。而传统的风险测评方法本身都存在一定的应用局限性，不能完全反映企业技术协同创新风险变量之间的复杂关系和风险特征，因此，企业技术协同创新风险测评方法的选择要坚持系统、统筹以及准确性等原则。

5.1.1 企业技术创新风险测评方法

风险测评是企业技术协同创新风险管理的关键环节，而风险测评方法的选择将有助于风险管理者分析风险因素重要程度，从而作出正确风险决策。目前比较通用的风险测评方法主要包括层次分析法（AHP）、灰色综合评价法以及模糊综合评价法等。

第一，层次分析法。层次分析法是美国数学家萨蒂在 20 世纪 70 年代提出的评价和决策方法。层次分析法的基本思路：首先，找出目标问题涉及的主要风险因素，将这些按其关联、隶属关系构成递阶层次模型；其次，在每一层次按照某一规定准则，对该层要素进行逐对相对重要性比较建立判断矩阵，通过计算判断矩阵的最大特征值和对应的正交化特征向量，得出该层要素对于该准则的权重；最后，在这个基础上计算出各层次要素对总体目标的组合权重，从而得出不同设计方案的权值，为选择最优方案提供依据。

层次分析法的优点在于能够对每个风险因素对结果的影响程度进行量化，该方法主要适用于对无结构特征性的系统风险评价以及多目标、多准则、多时期等的系统风险评价。但同时，层次分析法也存在一定不足，主要体现在：首先，和其他风险评价方法相比，层次分析法的客观性较高，但当因素指标过多时，进行标度的工作量较大，易引发混淆和错乱；其次，层次分析法对于判断矩阵的一致性较为重视，而忽视了对判断矩阵合理性的考量；最后，层次分析法对定量信息的利用率不足。层次分析法主要用于研究定性指标评价问题，而对于定性指标和定量指标混合的情况估计不足，从而降低了研究结论的科学性和可信度。

第二，灰色综合评价法。灰色系统理论是 1982 年由我国学者邓聚龙首先提出并使用的，他根据信息的清晰度将系统分为三种颜色（即黑色、白色和灰色）。其中，白色代表完全清晰可见的信息，黑色表示完全未知的信息，而灰色指代部分可见、部分未知的那部分信息。灰色综合评价法分析过程中充分利用已知信息将灰色系统的灰色性白化，分析方法主要体现为灰色关联分析，根据因素之间发展态势的相似或者相异程度来衡量因素间关联度。灰色综合评价方法的优点：对样本量要求不高，不要求样本服从任何分布，可以有效地克服复杂系统的层次复杂性、结构关系的模糊性、动态变化的随机性、指标数据的不完全性和不确定性，排除人为影响，数据不必进行归一化处理，可靠性强。但是该方法同样具有一定的缺点和不足，主要体现在：该方法所需要的样本数据具有时间序列特性，综合评价结果具有“相对评价”的缺点，需要确定分辨率，其选择标准尚无一个合理的标准，因此很容易导致研究结果的时效性不足。

第三，模糊综合评价法。模糊集合理论的概念于 1965 年由美国学者查德教授提出，用以表达事物的不确定性。模糊综合评价法的基本思路为：首先，进行最低层次的模糊综合评价；其次，由最低层次的评价结果构成上一层次的模糊矩阵，再进行上一层次的模糊综合，自底而上逐层进行模糊综合评价，最终得出系统整体的综合评价结果。模糊综合评价法的优点：模糊评价通过精确的数字手段处理模糊的评价对象，能对蕴藏信息呈现模糊性的资料作出比较科学、合理、贴近实际的量化评价。评价结果是一个矢量，而不是一个点值，包含的信息比较丰富，既可以比较准确地刻画被评价对象，又可以进一步加工，得到参考信息。与此同时，模糊综合评价法也存在固有的缺陷和不足，主要体现在：该方法的计算过程较为复杂，对指标权重矢量的确定主观性较强；当指标集 $\boldsymbol{U}$ 较大，在权矢量和为 1 的条件约束下，相对隶属度权系数往往偏小，权矢量与模糊矩阵 $\boldsymbol{R}$ 不匹配，结果会出现超模糊现象，分辨率很差，无法区分谁的隶属度更高，甚至造成评价失败或评价结果无效的情况。

5.1.2 可拓物元风险评价方法

可拓学是蔡文教授于 1983 年创立的新学科，该学科通过形式化的数学模型研究事物内部要素之间的关系以及事物拓展的可能性规律和方法，同时该学科对于处理冲突和矛盾方面的问题同样具有积极的作用[116]。可拓学的学科体系主要可概括为三个方面：基元理论、可拓集理论和可拓逻辑理论。基元是可拓学的逻辑细胞，主要包括物元、事元、关系元以及复合元等基础概念；经典集一般描述确定性的概念，模糊集描述不确定的概念，而可拓集是在经典集和模糊集的基础上发展而来的概念，因此，以可拓集为理论基础可以对全部概念进行描述，因此，可拓集理论是可拓学的核心内容[124]；可拓逻辑与数理逻辑和模糊逻辑不同，可拓逻辑研究矛盾问题为非矛盾问题的变换和推理的规律，是可拓学理论的重要组成部分[125-126]。可拓物元评价基本思路：首先根据已有的数据将评价对象的水平分成若干等级，由数据库或专家意见给出各级别的数据范围，再将评价对象的指标代入各等级的集合中进行多指标评定，评定结果按它与各等级集合的关联度大小进行比较，关联度越大，它与其等级集合的符合程度就越佳。基本步骤包括：确定经典域、节域和待识别的对象形成的物元矩阵；确定风险指标权重值；建立风险评价关联函数，计算关联函数值；确定风险因素和风险指标的等级[127]。

企业技术协同创新风险指标体系是一个多元复杂的体系，包括定量和定性指标，且各种风险因素指标具有非定量化和模糊性的特征，此外，多种指标间可能存在潜在的复杂关系以及冲突或不相容的问题，这无疑给企业技术协同创新风险测评带来极大的困扰。而我国学者蔡文教授所创立的可拓物元评价方法为研究解决矛盾问题的规律提供了一种新的工具，该理论基于事物的功能目标与环境条件之间的可容性和事物系统的相关性，利用可拓物元模型可以将评价指标之间的不可共度性及矛盾性转化为相容问题。本章正是以可拓物元和可拓集合理论为基础，提出了企业技术协同创新风险测评的模型和方法。该模型不仅能准确测定企业技术协同创新各风险要素的状态和危害程度大小，而且能够较为全面地反映企业技术协同创新项目的整体风险状况，有助于企业技术协同创新项目的顺利实施和开展。

5.2 企业技术协同创新风险测评的可拓物元模型构建

5.2.1 主特征物元矩阵

（1）物元。物元是描述事物的基本元，通常表示为由事物 S、特征 c 以及量值 y 构成的有序三元组：

$$\boldsymbol{R}=(S,c,y)\text{或}\boldsymbol{R}=(S,C,C(S)) \quad (5\text{-}1)$$

通过物元思想分析事物，是从制和量两个维度对事物的系统描述，而且物元三要素会随着事物的变化而变化，基于物元思想的事物分析能够迅速获取事物的动态变化信息。

（2）多维特征物元矩阵构建。假设事物 S 包含 s 个特征，这 s 个特征以 c_1，c_2，…，c_s 表示，其相对应的量化分别为 y_1，y_2，…，y_s，从而得出事物 S 事物多维特征矩阵，具体表示为：

$$\boldsymbol{R}=\begin{bmatrix} S & c_1 & y_1 \\ & c_2 & y_2 \\ & \vdots & \vdots \\ & c_s & y_s \end{bmatrix}=\begin{bmatrix} \boldsymbol{R}_1 \\ \boldsymbol{R}_2 \\ \vdots \\ \boldsymbol{R}_s \end{bmatrix} \quad (5\text{-}2)$$

$\boldsymbol{R}$ 表示 S 维特征物元矩阵，$\boldsymbol{R}_i=(S,c_i,y_i)$（$i=1,2,\cdots,s$）表示 $\boldsymbol{R}$ 的分特征物元矩阵。

（3）多维主特征物元矩阵构建。假设事物 S 包含 s 个特征，其中包括 m 个主要特征，且 $m<s$。那么这 m 个主要特征表示为 cc_1，cc_2，…，cc_m，与 m 个主要特征相对应的量值分别为 yy_1，yy_2，…，yy_m，在此基础上可以得出事物 $\boldsymbol{S}$ 的主特征物元矩阵。矩阵中 $\boldsymbol{RR}$ 为 m 维主特征物元矩阵，$\boldsymbol{RR}_i=(S,cc,yy_i)$（$i=1,2,\cdots,m$）是 $\boldsymbol{RR}$ 的分特征物元矩阵。

$$\boldsymbol{RR}=\begin{bmatrix} S & cc_1 & yy_1 \\ & cc_2 & yy_2 \\ & \vdots & \vdots \\ & cc_m & yy_m \end{bmatrix}=\begin{bmatrix} \boldsymbol{RR}_1 \\ \boldsymbol{RR}_2 \\ \vdots \\ \boldsymbol{RR}_m \end{bmatrix} \quad (5\text{-}3)$$

定理：对于事物 S，某一时刻存在唯一属性值 y_i 与主属性 c_i 相对应。事物的变化会引主属性物元矩阵的改变。即使同一事物在不同时间节点其所属主属性物元矩阵也存在不一致的可能性[127]。

从上述定理可知，事物的动态变化是由其主属性特征向量决定的，因此构建事物的多维主特征物元矩阵能够有效地描述事物的动态变化状态。应用在企业技术协同创新风险测评方面，企业技术协同创新风险指标体系中的各项指标变量对应的就是企业技术协同创新风险的主特征，不同的技术协同创新活动其主特征物元矩阵和风险等级都不同，即使同一项企业技术协同创新活动由于时间阶段的不同其所面临的风险主特征物元矩阵也会有所差异。

5.2.2 经典物元矩阵和节域物元矩阵

假设企业技术协同创新风险因素指标为 m 个，表示为 y_1，y_2，…，y_m，将该部分指标为与专家调查问卷统计数据相结合，将企业技术协同创新风险指标划分为 n 个等级，从而构建出企业技术协同创新的综合评价模型，具体可描述为：

$$\boldsymbol{R}_{oj}=\begin{bmatrix} S_{oj} & x_1 & y_{oj1} \\ & x_2 & y_{oj2} \\ & \vdots & \vdots \\ & x_m & y_{ojm} \end{bmatrix}=\begin{bmatrix} S_{oj} & x_1 & \left\langle a_{oj1},b_{oj1}\right\rangle \\ & x_2 & \left\langle a_{oj2},b_{oj2}\right\rangle \\ & \vdots & \vdots \\ & x_m & \left\langle a_{ojm},b_{ojm}\right\rangle \end{bmatrix} \tag{5-4}$$

$\boldsymbol{R}_{oj}$ 表示企业技术协同创新项目风险第 j 级风险时的物元模型，S_{oj} 表示第 j 级风险，$y_{ojk}=\left\langle a_{ojk},b_{ojk}\right\rangle(j=1,2,\cdots,n;k=1,2,\cdots,m)$ 表示企业技术协同创新风险第 j 级第 k 个风险因素的取值范围。

节域物元矩阵指对企业技术协同创新风险指标取值域进行度量所形成的物元模型[128]。在公式（5-5）的节域物元矩阵中，R_p 为企业技术协同创新项目风险综合度量的节域物元模型，S_p 表示企业技术协同创新风险等级，$y_{pk}=\left\langle a_{pk},b_{pk}\right\rangle$ 为 S_p 中技术协同创新风险指标 X_k 的取值范围，且 $y_{ojk}\subset y_{pk}$（j=1,2,⋯,n;k=1,2,⋯,m）。

$$\boldsymbol{R}_p=\begin{bmatrix} S_p & x_1 & y_{p1} \\ & x_2 & y_{p2} \\ & \vdots & \vdots \\ & x_m & y_{pm} \end{bmatrix}=\begin{bmatrix} S_p & x_1 & \langle a_{p1},b_{p1}\rangle \\ & x_2 & \langle a_{p2},b_{p2}\rangle \\ & \vdots & \vdots \\ & x_m & \langle a_{pm},b_{pm}\rangle \end{bmatrix} \tag{5-5}$$

5.2.3 待评价物元矩阵和风险评价等级

将待评企业技术协同创新项目所搜集和监测得到的数据或分析结果用物元模型表示见公式（5-6），其中 S 表示待评价企业技术协同创新项目的风险，$y_k(k=1,2,\cdots,m)$ 为待评价企业技术协同创新项目第 k 个风险指标的评价值：

$$\boldsymbol{R}=\begin{bmatrix} S & x_1 & y_1 \\ & x_2 & y_2 \\ & \vdots & \vdots \\ & x_m & y_m \end{bmatrix} \tag{5-6}$$

影响企业技术协同创新项目的风险因素较多且危害程度存在较大差异，企业技术协同创新主体不能一视同仁地对待所有风险因素，需要对其进行风险等级的划分。由于企业技术协同创新风险指标 x_i（i=1,2,⋯,23）中部分指标的量化难度和不确定性较大，因此，本书将企业技术协同创新风险的可能危害程度统一划分为低度风险、较低风险、一般风险、中度风险以及高风险五个等级。

假设 1：企业技术协同创新风险指标等级={一级风险，二级风险，三级风险，四级风险，五级风险}={低度风险，较低风险，一般风险，中度风险，高风险}={R_1，R_2，R_3，R_4，R_5}，同时风险等级间存在临界值。

假设 2：企业技术协同创新风险指标 x_i 可以进行量化，其量化为模糊值 xy_i，$xy_i\in$［0，10］。当 $xy_i\in$［0，2]时，表明其处于低度风险；当 $xy_i\in$（2，4]时，表明处于较低风险等级；当 $xy_i\in$（4，6]时，表明风险等级为一般风险；当 $xy_i\in$（6，8]时，表明风险等级为中度风险；当 $xy_i\in$（8，10]时，表明风险等级为高风险。

企业技术协同创新风险的指标对应的量化值由专家打分的方式确定，具体体现为：由该技术协同创新项目领域的 p 位专家根据假设 2 的评分标准予以打分，那么第 p 位专家对风险指标 x_i 的评分为 f_p，进而计算出该风险指标的评价值 y_i，用公式表示为：

$$y_i = \frac{1}{p}\sum_{p=1}^{p} f_p \tag{5-7}$$

5.2.4 接近度模型

在企业技术协同创新风险综合评价物元模型的基础上，需要明确待评企业技术创新项目的优劣势以及风险等级。因此需要对待评物元模型与经典域物元模型的“接近度”进行计算。在可拓学中，用关联函数描述域中元素具有某种性质的程度，基于可拓集建立的关联函数式能够定量且客观的表述具有某种性质的程度及其量变和质变的过程[129]。

$$p\left(y_k, y_{ojk}\right) = \left|y_k - \frac{a_{ojk} + b_{ojk}}{2}\right| - \frac{1}{2}\left(b_{ojk} - a_{ojk}\right), \left(j = 1,2,\cdots,n; k = 1,2,\cdots,m\right) \tag{5-8}$$

$$p\left(y_k, y_{pk}\right) = \left|y_k - \frac{a_{pk} + b_{pk}}{2}\right| - \frac{1}{2}\left(b_{pk} - a_{pk}\right), \left(j = 1,2,\cdots,n; k = 1,2,\cdots,m\right) \tag{5-9}$$

分别表示点 y_k 与区间 y_{ojk} 和 y_{pk} 的接近度，例如：$p\left(y_k, y_{pk}\right) \geqslant 0$ 时，表示 y_k 不在区间 y_{pk} 内；$p\left(y_k, y_{pk}\right) \leqslant 0$ 时，表示 y_k 在区间 y_{pk} 内；且不同的负值表明 y_k 在区间内不同的位置。

5.2.5 风险关联度计算模型与风险关联度矩阵

风险关联度是风险因素之间关联关系的度量，根据风险因素的连续或离散曲线的相似程度对风险因素之间的关联程度进行衡量和判定，假如两条曲线走势相似则证明两种风险要素间关联度较大，反之，则说明关联度较小。

假设区间 $y_{ojk} = <a_{ojk}, b_{ojk}>$（$k$=1,2,⋯,$m$）表示风险因素 x_k 在第 j 等级第 k 个风险要素的取值范围，$y_{pk} = <a_{pk}, b_{pk}>$（$k$=1,2,⋯,$m$）表示风险因素 x_k 的取值范围。点 y_k 表示待评物元矩阵第 k 个风险指标，$p\left(y_k, y_{ojk}\right), p\left(y_k, y_{pk}\right)$ 表示

y_k 与 y_{ojk} 和 y_{pk} 的接近度，由此可得出风险关联度计算模型：

$$K_j(y_k)=\frac{p(y_k,y_{ojk})}{p(y_k,y_{pk})-p(y_k,y_{ojk})},(j=1,2,\cdots,n;k=1,2,\cdots,m) \tag{5-10}$$

（1）当风险指标 x_k 评价值 y_k 在 j 级的取值范围内（$y_k \in y_{ojk}$ 且 $y_k \neq a_{ojk},b_{ojk}$），则风险关联度值为正值。

$$K_j(y_k)=\frac{p(y_k,y_{ojk})}{p(y_k,y_{pk})-p(y_k,y_{ojk})}>0 \tag{5-11}$$

（2）当风险指标 x_k 评价值 y_k 在 j 级取值范围的临界点（包括上临界点和下临界点）（$y_k=a_{ojk}$ 或 $y_k=b_{ojk}$）时，则其风险关联度值为 0。

$$K_j(y_k)=\frac{p(y_k,y_{ojk})}{p(y_k,y_{pk})-p(y_k,y_{ojk})}=0 \tag{5-12}$$

（3）当风险指标 x_k 评价值 y_k 在 j 级允许取值范围的临界点（$y_k=a_{ojk}$ 或 $y_k=b_{ojk}$）时，则其风险关联度值为-1。

$$K_j(y_k)=\frac{p(y_k,y_{ojk})}{p(y_k,y_{pk})-p(y_k,y_{ojk})}=-1 \tag{5-13}$$

（4）当风险指标 x_k 评价值 y_k 在允许取值范围且处于 j 级取值范围外时（$y_k=y_{pk}-y_{ojk}$ 且 $y_k \neq a_{ojk},b_{ojk},a_{pk},b_{pk}$）时，则其风险关联度值>-1。

$$K_j(y_k)=\frac{p(y_k,y_{ojk})}{p(y_k,y_{pk})-p(y_k,y_{ojk})}>-1 \tag{5-14}$$

（5）当风险指标 x_k 评价值 y_k 不在允许取值范围（$y_k \in y_{pk}$ 且 $y_k \neq a_{pk},b_{pk}$）时，风险关联度值<-1。

$$K_j(y_k)=\frac{p(y_k,y_{ojk})}{p(y_k,y_{pk})-p(y_k,y_{ojk})}<-1 \tag{5-15}$$

综上所述，$-\infty<K_j(y_k)<+\infty$，$K_j(y_k)\geqslant 0$ 表示 y_k 属于 y_{ojk}，$K_j(y_k)$ 值越

大表示 y_k 具有 y_{ojk} 的属性越多；反之，当 $K_j\left(y_k\right)\leqslant 0$ 时表示 y_k 不属于 y_{ojk}，$K_j\left(y_k\right)$ 值越小表示 y_k 与 y_{ojk} 的距离越远。

根据关联度矩阵公式（5-13）可计算出风险关联度矩阵，表示为：

$$\boldsymbol{K}=\left[K_j\left(y_k\right)_{m\times n}\right] \tag{5-16}$$

根据风险关联度计算模型计算：

$$\max_{1\leqslant j\leqslant n} K_j\left(y_k\right)=K_{i_0}\left(y_k\right)=K^*\left(y_k\right),\left(k=1,2,\cdots,m\right) \tag{5-17}$$

则 $K_{i_0}\left(y_k\right)$ 表示待评企业的第 k 个评价指标 x_k 处于第 i_0 风险等级。

若 $a_i\left(\sum_{i=1}^{m}a_i=1\right)$ 为技术协同创新风险评价指标的权重系数，则待评企业技术协同创新风险与第 j 级风险的关联度为：

$$K_j\left(R\right)=\sum_{i=1}^{m}a_iK_j\left(y_i\right),\left(j=1,2,\cdots,n\right) \tag{5-18}$$

通过

$$K_{j_0}\left(R\right)=\max_{1\leqslant j\leqslant n}K_j\left(R\right) \tag{5-19}$$

可计算出待评企业技术协同创新项目综合风险等级为第 j_0 级。

5.3　实证研究

5.3.1 企业概况

河北钢铁集团于 2008 年 6 月 30 日由原唐钢集团和邯钢集团联合组建而成，是产能规模全球第二、国内第一的钢铁企业集团。经过几年来的稳健发展，初步形成了以钢铁企业为主导产业，装备制造、现代物流、矿产资源以及金融服务等为辅助产业，各产业协同互助发展的产业格局。河北钢铁集团现拥有在册员工 13 万余人，直属子分公司 20 家。其中，钢铁产业共有唐钢、邯钢以及宣钢等 7 家子公司。非钢板块有矿业、国际物流、钢研总院、宣工发展、财务公司、燕山大酒店和财达证券。海外板块有瑞士德高、南非 PMC、国际控股等公司。截至 2014 年年底，集团拥有总资产 3300 亿元。2014 年产钢 4709 万吨，实现营业收入 2806 亿元。2014 年居世界 500 强第 271 位，中国企业 500 强第 43 位、中国制造业 500 强第 13 位。目前，河北钢铁集团形成了以矿产资源、钢铁制造、国际贸易为核心的三大海外业务发展平台。

河北钢铁集团以“建设全球最具竞争力的钢铁企业”为战略目标，坚决贯彻落实国家钢铁产业发展政策，率先淘汰落后装备产能，加快产业升级和结构调整步伐，主体装备全部实现了大型化、现代化。目前，集团具备 5000 万吨世界先进装备水平、国内领先节能环保水平的钢铁产能。河北钢铁集团坚持以科技创新引领企业发展，目前拥有 2835 项自主知识产权，制定有 14 项国家产品标准，200 多种钢材品种替代进口产品，部分“高、精、尖”产品出口至全球 40 多个国家和地区。河北钢铁集团注重自主创新能力建设，于 2010 年成立河北钢铁技术研究院，是河北钢铁集团的下属单位，其承担的主要职责和核心任务是进行钢铁生产和加工技术的研发创新工作，以此来推动河北钢铁集团的产业专项，保持其市场核心竞争力和竞争优势。河北钢铁技术研究院不断加快高端研发人才的培养和一流研发平台的建设，现有博士后 2 人、博士 10 人、硕士 40 人，是国内一流、省内唯一的钢铁技术研发基地。

本书选取河北钢铁集团宣钢股份有限公司与北京科技大学合作的“X1215 环保型易切削钢生产技术开发与应用”（简称：X1215）项目进行实证研究，该项目始于 2009 年，2010 年进入现场试验阶段，所生产的 X1215 盘条完全符合切削性、拉拔性以及铆焊性的要求。

5.3.2 “X1215”项目综合风险测评

5.3.2.1 各风险因素指标评分及权重

企业技术协同创新关键风险指标如表 3-4 所示。表 5-1 第 3 列的平均评分是经过对项目参与人员的调查问卷数据处理所得，它们分别表示不同因素指标对企业技术协同创新风险的影响程度，通过对其进行归一化处理，可以将这些归一化处理的数据作为这些因素指标的权重，如表 5-1 所示。

按 5.2.3 假设 1 将企业技术协同创新风险因素指标划分为五个级别={一级风险，二级风险，三级风险，四级风险，五级风险}={较低风险、低风险、一般风险、较高风险、高风险}。邀请 11 位专家根据表及假设 2 给各个风险因素指标评分（调研表见附录 2），最终得到创新项目各风险因素指标评价值，如表 5-1 所示。

表 5-1　“X1215”项目各风险因素指标评分及权重

Table 5-1　The rate and weight of enterprise technology innovation collaborative risk

风险维度	风险因素	权重 b_i	专家评分
政策风险	协同创新政策 A_1	0.3491	2.727
	宏观经济形势 A_2	0.3249	2.455
	知识产权制度 A_3	0.3260	1.091
市场风险	知识产权确权率 A_4	0.2219	1.818
	行业标准认定率 A_5	0.2711	1.455
	成果市场转化率 A_6	0.4037	5.182
	竞争者创新速度 A_7	0.1033	2.545
财务风险	创新主体出资比 A_8	0.2458	5.455
	资金预算执行率 A_9	0.2719	3.656
	资金链稳定性 A_{10}	0.3056	7.919
	突发应急反应能力 A_{11}	0.1767	2.455
管理风险	风险管理专业水平 A_{12}	0.2078	1.717
	项目可行性论证 A_{13}	0.2935	2.818
	信息共享与传递 A_{14}	0.3126	3.818
	项目负责人水平 A_{15}	0.1861	2.455
技术风险	团队高级人才比重 A_{16}	0.24826	1.727
	技术创新协作能力 A_{17}	0.25039	4.909
	创新项目难度 A_{18}	0.25088	3.816
	成果的可替代性 A_{19}	0.25047	6.593
道德风险	成果知识产权分配 A_{20}	0.24682	2.562
	主体间信任程度 A_{21}	0.21474	5.367
	各主体自利行为 A_{22}	0.21476	4.135
	各主体利益分配 A_{23}	0.32371	7.168

5.3.2.2 综合风险的经典和节域物元矩阵

由 5.2.3 的假设 2 可知，企业技术协同创新风险指标 x_i 可以量化，其量化模糊值为 xy_i，$xy_i \in [0, 10]$。当 $xy_i \in [0, 2]$时，表明其处于低度风险；当 $xy_i \in (2, 4]$时，表明处于较低风险等级；当 $xy_i \in (4, 6]$时，表明风险等级为一般风险；当 $xy_i \in (6, 8]$时，表明风险等级为中度风险；当 $xy_i \in (8, 10]$时，表明风险等级为高风险。由此可得出“X1215”项目协同创新风险的经典物元矩阵为：

$$\boldsymbol{R}_{01}=\begin{bmatrix} S_{02} & A_1 & \langle 0,2\rangle \\ & A_2 & \langle 0,2\rangle \\ & \vdots & \vdots \\ & A_{23} & \langle 0,2\rangle \end{bmatrix},\ \boldsymbol{R}_{02}=\begin{bmatrix} S_{03} & A_1 & \langle 2,4\rangle \\ & A_2 & \langle 2,4\rangle \\ & \vdots & \vdots \\ & A_{23} & \langle 2,4\rangle \end{bmatrix},\ \boldsymbol{R}_{03}=\begin{bmatrix} S_{04} & A_1 & \langle 4,6\rangle \\ & A_2 & \langle 4,6\rangle \\ & \vdots & \vdots \\ & A_{23} & \langle 4,6\rangle \end{bmatrix},$$

$$\boldsymbol{R}_{04}=\begin{bmatrix} S_{05} & A_1 & \langle 6,8\rangle \\ & A_2 & \langle 6,8\rangle \\ & \vdots & \vdots \\ & A_{23} & \langle 6,8\rangle \end{bmatrix},\ \boldsymbol{R}_{05}=\begin{bmatrix} S_{06} & A_1 & \langle 8,10\rangle \\ & A_2 & \langle 8,10\rangle \\ & \vdots & \vdots \\ & A_{23} & \langle 8,10\rangle \end{bmatrix}$$

“X1215”项目协同创新风险的节域物元矩阵为：

$$\boldsymbol{R}_p=\begin{bmatrix} S_p & A_1 & \langle 0,10\rangle \\ & A_2 & \langle 0,10\rangle \\ & \vdots & \vdots \\ & A_{23} & \langle 0,10\rangle \end{bmatrix}$$

5.3.2.3 待评价物元矩阵

企业技术协同创新综合风险待评物元矩阵为：

$$\boldsymbol{R}=\begin{bmatrix} S & A_1 & 2.727 \\ & A_2 & 2.455 \\ & \vdots & \vdots \\ & A_{23} & 7.168 \end{bmatrix}$$

5.3.2.4 风险关联度及风险等级

由公式（5-16）可知，“X1215”项目综合风险与风险等级的关联度矩阵为：

$$\boldsymbol{K}=\left[K_j\left(y_k\right)_{23\times 5}\right]$$

计算结果为：

$$\boldsymbol{K}=\left[K_j\left(y_k\right)_{23\times 5}\right]=\begin{bmatrix} -021048 & 0.3635 & -0.31825 & -0.5455 & -0.65912 \\ -0.15636 & 0.2275 & -0.38625 & -0.59083 & -0.69312 \\ 0.48775 & -0.3545 & -0.32725 & -0.71817 & -0.85263 \\ 0.1125 & -0.2527 & -0.5758 & -0.8182 & -0.3225 \\ -0.1786 & 0.5869 & -0.5913 & -0.7955 & -0.5736 \\ -0.3333 & -0.394 & 0.2045 & -0.1452 & -0.5465 \\ -0.3975 & -0.3694 & -0.1975 & -0.3132 & -0.7273 \\ -0.4545 & -0.2726 & 0.0912 & -0.7698 & -0.3513 \\ -0.2247 & 0.4069 & -0.2955 & -0.5323 & -0.6457 \\ -0.7841 & -0.7117 & 0.5625 & 0.5625 & -0.1876 \\ -0.2803 & -0.7273 & -0.4591 & -0.7596 & -0.2365 \\ -0.43168 & -0.2524 & -0.3652 & -0.1077 & -0.32869 \\ -0.1786 & -0.394 & -0.5913 & -0.0119 & -0.6596 \\ -0.3132 & -0.1154 & 0.3949 & -0.5455 & -0.0918 \\ -0.73862 & -0.6515 & -0.47752 & -0.0455 & -0.4175 \\ 0.1878 & -0.1365 & -0.5683 & -0.7122 & -0.7841 \\ -0.3721 & -0.1562 & -0.2273 & -0.1818 & -0.3864 \\ -0.3281 & 0.0238 & -0.0228 & -0.3485 & -0.5114 \\ -0.6023 & -0.4697 & -0.2045 & -0.3462 & -0.2709 \\ -0.6931 & -0.5908 & -0.3863 & 0.2275 & -0.1564 \\ -0.3691 & -0.1452 & 0.2045 & -0.1971 & -0.3978 \\ 0.2247 & -0.4092 & -0.7045 & -0.8031 & -0.8523 \\ -0.2665 & -0.2334 & -0.1595 & -0.4393 & -0.5795 \end{bmatrix}$$

由表 5-1 可知，“X1215”项目技术协同创新综合风险因素的权重为 b_i（i=1,2,⋯,23），则技术协同创新综合风险与风险等级 j（j=1,2,3,4,5）关联度为：

$$K_j(R)=\sum_{i=1}^{23}a_iK_j(y_i)=(-0.12894,-0.03979,-0.23762,-0.35268,-0.45187),$$

$$K_1(R)=-0.12894,\quad K_2(R)=-0.03979,\quad K_3(R)=-0.23762,$$

$$K_4(R)=-0.35268,\quad K_5(R)=-0.45187,$$

$$K_{jo}(R)=\max\{K_1(R),K_2(R)\text{L}\ K_5(R)\}=-0.03979。$$

最终得出“X1215”项目技术协同创新综合风险风险等级为二级，处于较低风险水平，与该项目的实际风险影响状况基本吻合。

5.3.3 “X1215”项目各风险因素的测评

5.3.3.1 协同创新政策风险的测评

（1）政策环境子风险因素的评分及权重。政策风险子因素的评分及权重如表 5-2 所示。

表 5-2 政策环境子风险因素的评分及权重

Table 5-2 The rate and weight of policy risks

风险维度	风险因素	权重 b_i	专家评分
协同创新政策环境风险	协同创新政策 A_1	0.3491	2.727
	宏观经济形势 A_2	0.3249	2.455
	知识产权制度 A_3	0.3260	1.091

（2）协同创新政策风险的经典和节域物元矩阵。由 5.2.3 的假设 2 可知，企业技术协同创新风险指标 x_i 可以量化，其量化模糊值为 xy_i，$xy_i\in$ [0，10]。当 $xy_i\in$ [0，2]时，表明其处于低度风险；当 $xy_i\in$ （2，4]时，表明处于较低风险等级；当 $xy_i\in$ （4，6]时，表明风险等级为一般风险；当 $xy_i\in$ （6，8] 时，表明风险等级为中度风险；当 $xy_i\in$ （8，10] 时，表明风险等级为高风险。由此可得出“X1215”项目协同创新风险的经典物元矩阵为：

$$\boldsymbol{R}_{01}=\begin{bmatrix} S_{02} & A_1 & \langle 0,2\rangle \\ & A_2 & \langle 0,2\rangle \\ & \vdots & \vdots \\ & A_{23} & \langle 0,2\rangle \end{bmatrix},\quad \boldsymbol{R}_{02}=\begin{bmatrix} S_{03} & A_1 & \langle 2,4\rangle \\ & A_2 & \langle 2,4\rangle \\ & \vdots & \vdots \\ & A_{23} & \langle 2,4\rangle \end{bmatrix},\quad \boldsymbol{R}_{03}=\begin{bmatrix} S_{04} & A_1 & \langle 4,6\rangle \\ & A_2 & \langle 4,6\rangle \\ & \vdots & \vdots \\ & A_{23} & \langle 4,6\rangle \end{bmatrix},$$

$$\boldsymbol{R}_{04}=\begin{bmatrix} S_{05} & A_1 & \langle 6,8\rangle \\ & A_2 & \langle 6,8\rangle \\ & \vdots & \vdots \\ & A_{23} & \langle 6,8\rangle \end{bmatrix},\quad \boldsymbol{R}_{05}=\begin{bmatrix} S_{06} & A_1 & \langle 8,10\rangle \\ & A_2 & \langle 8,10\rangle \\ & \vdots & \vdots \\ & A_{23} & \langle 8,10\rangle \end{bmatrix}$$

X1215”项目协同创新风险的节域物元矩阵为：

$$\boldsymbol{R}_p=\begin{bmatrix} S_p & A_1 & \langle 0,10\rangle \\ & A_2 & \langle 0,10\rangle \\ & \vdots & \vdots \\ & A_{23} & \langle 0,10\rangle \end{bmatrix}$$

（3）待评物元矩阵。X1215”项目协同创新风险的待评物元矩阵为：

$$\boldsymbol{R}=\begin{bmatrix} S & A_1 & 2.727 \\ & A_2 & 2.455 \\ & A_3 & 1.091 \end{bmatrix}$$

（4）计算风险关联度及风险等级。由 5-16 可知，“X1215”项目协同创新风险因素与风险等级的关联度矩阵为：

$$\boldsymbol{K}=\left[K_j\left(y_k\right)_{3\times 5}\right]$$

计算结果为：

$$\boldsymbol{K}=\left[K_j\left(y_k\right)_{3\times 5}\right]=\begin{bmatrix} -0.21048 & 0.3635 & -0.31825 & -0.5455 & -0.65912 \\ -0.15636 & 0.2275 & -0.38625 & -0.59083 & -0.69312 \\ 0.48775 & -0.3545 & -0.32725 & -0.71817 & -0.85263 \end{bmatrix}$$

由表 5-2 可知,“X1215”项目协同创新政策风险因素的权重为$b_i(i=1,2,3)$,则协同创新政策风险与风险等级 $j(j=1,2,3,4,5)$ 的关联度为:

$$K_j(R)=\sum_{i=1}^{3}a_iK_j(y_i)=(-0.89154,-0.083524,-0.42356,-0.37699,-0.62357),$$

$$K_1(R)=-0.89154,\quad K_2(R)=-0.083524,\quad K_3(R)=-0.42356,$$

$$K_4(R)=-0.37699,\quad K_5(R)=-0.62357,$$

$$K_{jo}(R)=\max\{K_1(R),K_2(R),\cdots,K_5(R)\}=-0.083524。$$

最终得出“X1215”项目协同创新政策风险因素的风险等级二级，较低风险，与该项目的实际风险状况基本吻合。

5.3.3.2 市场风险的测评

(1)市场风险子因素评分及权重。市场风险因素评分及权重如表 5-3 所示。

表 5-3　市场风险子因素的评分及权重

Table 5-3　The rate and weight of market risks

风险维度	风险因素	权重b_i	专家评分
市场风险	知识产权确权率 A_4	0.2219	1.818
	技术行业标准认定率 A_5	0.2711	1.455
	成果市场转化率 A_6	0.4037	5.182
	竞争者创新速度 A_7	0.1033	2.545

(2)待评物元矩阵。“X1215”项目市场风险的经典物元矩阵和节域物元矩阵与协同创新政策风险的经典和节域物元矩阵相同，在此不再赘述。市场风险的待评物元矩阵为:

$$\boldsymbol{R}=\begin{bmatrix} S & A_4 & 1.818 \\ & A_5 & 1.455 \\ & A_6 & 5.182 \\ & A_7 & 2.545 \end{bmatrix}$$

（3）计算风险关联度及风险等级。由公式（5-16）可知，“X1215”项目市场风险因素与风险等级的关联度矩阵为：

$$\boldsymbol{K}=\left[K_j\left(y_k\right)_{4\times5}\right]$$

计算结果为：

$$\boldsymbol{K}=\left[K_j\left(y_k\right)_{4\times5}\right]=\begin{bmatrix}0.1125 & -0.2527 & -0.5758 & -0.8182 & -0.3225\\ -0.1786 & 0.5869 & -0.5913 & -0.7955 & -0.5736\\ -0.3333 & -0.394 & 0.2045 & -0.1452 & -0.5465\\ -0.3975 & -0.3694 & -0.1975 & -0.3132 & -0.7273\end{bmatrix}$$

由表 5-3 可知，“X1215”项目市场风险因素的权重为 b_i（i=1,2,3,4），则市场风险与风险等级 j（j=1,2,3,4,5）的关联度为：

$$K_j\left(R\right)=\sum_{i=1}^{4}a_iK_j\left(y_i\right)=(-0.10262,-0.05636,-0.22436,-0.36231,-0.59892),$$

$$K_1\left(R\right)=-0.10262，\ K_2\left(R\right)=-0.05636，\ K_3\left(R\right)=-0.22436,$$

$$K_4\left(R\right)=-0.36231，\ K_5\left(R\right)=-0.59892,$$

$$K_{jo}\left(R\right)=\max\left\{K_1\left(R\right),K_2\left(R\right)\text{L}\ \ K_5\left(R\right)\right\}=-0.05636。$$

最终得出“X1215”项目市场风险因素的风险等级为二级，较低风险，与该项目的实际风险状况基本吻合。

5.3.3.3 财务风险的测评

（1）财务风险子因素的评分及权重。财务风险子因素的评分及权重如表 5-4 所示。

（2）待评物元矩阵。“X1215”项目财务风险的经典物元矩阵和节域物元矩阵与协同创新政策风险的经典和节域物元矩阵相同。市场风险待评物元矩阵为：

$$\boldsymbol{R}=\begin{bmatrix} S & A_8 & 5.455 \\ & A_9 & 3.656 \\ & A_{10} & 7.919 \\ & A_{11} & 2.455 \end{bmatrix}$$

表 5-4　财务风险子因素的评分及权重

Table 5-4　The rate and weight of financial risk

风险维度	风险因素	权重 b_i	专家评分
财务风险	创新主体出资比 A8	0.2458	5.455
	资金预算执行率 A9	0.2719	3.656
	资金链稳定性 A10	0.3056	7.919
	突发事件应急反应能	0.1767	2.455

（3）计算风险关联度及风险等级。由 5-16 可知，“X1215”项目财务风险因素与风险等级的关联度矩阵为：

$$\boldsymbol{K}=\left[K_j\left(y_k\right)_{4\times5}\right]$$

计算结果为：

$$\boldsymbol{K}=\left[K_j\left(y_k\right)_{4\times5}\right]=\begin{bmatrix} -0.43168 & -0.2524 & -0.3652 & -0.1077 & -0.32869 \\ -0.1786 & -0.394 & -0.5913 & -0.0119 & -0.6596 \\ -0.3132 & -0.1154 & 0.3949 & -0.5455 & -0.0918 \\ -0.73862 & -0.6515 & -0.47752 & -0.0455 & -0.4175 \end{bmatrix}$$

由表 5-4 可知，“X1215”项目财务风险因素的权重为 b_i（i=1,2,3,4），则协同创新政策风险与风险等级 j（j=1,2,3,4,5）的关联度为：

$$K_j\left(R\right)=\sum_{i=1}^{4}a_iK_j\left(y_i\right)=(-0.48371,-0.25636,-0.11707,-0.15324,-0.33489),$$

$$K_1\left(R\right)=-0.48371,\quad K_2\left(R\right)=-0.25636,\quad K_3\left(R\right)=-0.11707,$$

$$K_4\left(R\right)=-0.15324,\quad K_5\left(R\right)=-0.33489,$$

$$K_{jo}(R)=\max\{K_1(R),K_2(R)\text{L}\ K_5(R)\}=-0.11707\text{。}$$

最终得出“X1215”项目财务风险因素的风险等级为三级，一般风险，与该项目的实际风险状况基本吻合。

5.3.3.4 管理风险的测评

（1）管理风险子因素评分及权重。管理风险子因素评分及权重如表 5-5 所示。

表 5-5　管理风险子因素的评分及权重

Table 5-5　The rate and weight of management risk

风险维度	风险因素	权重 b_i	专家评分
管理风险	风险管理专业化水平 A_{12}	0.2078	1.717
	项目可行性论证与规划 A_{13}	0.2935	2.818
	技术协同创新信息共享与传递 A_{14}	0.3126	3.818
	技术协同创新项目负责人水平 A_{15}	0.1861	2.455

（2）待评物元矩阵。“X1215”项目管理风险经典物元矩阵和节域物元矩阵与协同创新政策风险的经典和节域物元矩阵相同。管理风险的待评物元矩阵为：

$$\boldsymbol{R}=\begin{bmatrix} S & A_{12} & 1.717 \\ & A_{13} & 2.818 \\ & A_{14} & 3.818 \\ & A_{15} & 2.455 \end{bmatrix}$$

（3）计算风险关联度及风险等级。由公式（5-16）可知，“X1215”项目管理风险因素与风险等级的关联度矩阵为：

$$\boldsymbol{K}=\left[K_j(y_k)_{4\times5}\right]$$

计算结果为：

$$\boldsymbol{K}=\left[K_j\left(y_k\right)_{4\times5}\right]=\begin{bmatrix}-0.4545 & -0.2726 & 0.0912 & -0.7698 & -0.3513\\ -0.2247 & 0.4069 & -0.2955 & -0.5323 & -0.6457\\ -0.7841 & -0.7117 & 0.5625 & -0.1365 & -0.1876\\ -0.2803 & -0.7273 & -0.4591 & -0.7596 & -0.2365\end{bmatrix}$$

由表 5-5 可知，“X1215”项目管理风险因素的权重为 b_i（i=1,2,3,4），则技术协同创新管理风险与风险等级 j（j=1,2,3,4,5）的关联度为：

$$K_j\left(R\right)=\sum_{i=1}^{4}a_iK_j\left(y_i\right)=(-0.20297,-0.09547,-0.34793,-0.40457,-0.52302),$$

$$K_1\left(R\right)=-0.20297,\quad K_2\left(R\right)=-0.09547,\quad K_3\left(R\right)=-0.34793,$$

$$K_4\left(R\right)=-0.40457,\quad K_5\left(R\right)=-0.52302,$$

$$K_{jo}\left(R\right)=\max\left\{K_1\left(R\right),K_2\left(R\right)\text{L}\ K_5\left(R\right)\right\}=-0.09547。$$

最终得出“X1215”项目管理风险因素的风险等级为二级，较低风险，与该项目的实际风险状况基本吻合。

5.3.3.5 技术风险的测评

（1）技术风险子因素评分及权重。技术风险子因素评分及权重如表 5-6 所示。

表 5-6　技术风险子因素的评分及权重

Table 5-6　The rate and weight of technical risk

风险维度	风险因素	权重 b_i	专家评分
技术风险	创新团队高级人才比重 A_{16}	0.24826	1.727
	技术创新协作能力 A_{17}	0.25039	4.909
	技术创新项目难度 A_{18}	0.25088	3.816
	成果的可替代性 A_{19}	0.25047	6.593

（2）待评物元矩阵。“X1215”项目技术风险的经典物元矩阵和节域物元矩阵与协同创新政策风险的经典和节域物元矩阵相同。技术风险的待评物元矩阵为：

$$
\boldsymbol{R}=\begin{bmatrix} S & A_{16} & 1.727 \\ & A_{17} & 4.909 \\ & A_{18} & 3.816 \\ & A_{19} & 6.593 \end{bmatrix}
$$

（3）计算风险关联度及风险等级。由公式（5-16）可知，“X1215”项目技术风险因素与风险等级的关联度矩阵为：

$$
\boldsymbol{K}=\left[K_j\left(y_k\right)_{4\times5}\right]
$$

计算结果为：

$$
\boldsymbol{K}=\left[K_j\left(y_k\right)_{4\times5}\right]=\begin{bmatrix} 0.1878 & -0.1365 & -0.5683 & -0.7122 & -0.7841 \\ -0.3721 & -0.1562 & -0.2273 & -0.1818 & -0.3864 \\ -0.3281 & 0.0238 & -0.0228 & -0.3485 & -0.5114 \\ -0.6023 & -0.4697 & -0.2045 & -0.3462 & -0.2709 \end{bmatrix}
$$

由表 5-6 可知，“X1215”项目技术风险因素的权重为 b_i（i=1,2,3,4），则技术协同创新技术风险与风险等级 j（j=1,2,3,4,5）的关联度为：

$$
K_j\left(R\right)=\sum_{i=1}^{4}a_iK_j\left(y_i\right)=(-0.27972,-0.18467,-0.14116,-0.22308,-0.48755),
$$

$$
K_1\left(R\right)=-0.27972,\quad K_2\left(R\right)=-0.18467,\quad K_3\left(R\right)=-0.14116,
$$

$$
K_4\left(R\right)=-0.22308,\quad K_5\left(R\right)=-0.48755,
$$

$$
K_{jo}\left(R\right)=\max\left\{K_1\left(R\right),K_2\left(R\right)\text{L}\ K_5\left(R\right)\right\}=-0.14116。
$$

最终得出“X1215”项目技术风险因素的风险等级为三级，一般风险，与该项目的实际风险状况基本吻合。

5.3.3.6 道德风险的测评

（1）道德风险子因素评分及权重。道德风险因素评分及权重如表 5-7 所示。

（2）待评物元矩阵。“X1215”项目技术风险经典物元矩阵和节域物元矩阵与协同创新政策风险的经典和节域物元矩阵相同。技术风险的待评物元矩阵为：

$$\boldsymbol{R}=\begin{bmatrix} S & A_{20} & 2.562 \\ & A_{21} & 5.367 \\ & A_{22} & 4.135 \\ & A_{23} & 7.168 \end{bmatrix}$$

（3）计算风险关联度及风险等级。由公式（5-16）可知，“X1215”项目道德风险因素与风险等级的关联度矩阵为：

$$\boldsymbol{K}=\left[K_j\left(y_k\right)_{4\times5}\right]$$

计算结果为：

$$\boldsymbol{K}=\left[K_j\left(y_k\right)_{4\times5}\right]=\begin{bmatrix} -0.6931 & -0.5908 & -0.3863 & 0.2275 & -0.1564 \\ -0.3691 & -0.1452 & 0.2045 & -0.1971 & -0.3978 \\ 0.2247 & -0.4092 & -0.7045 & -0.8031 & -0.8523 \\ -0.2665 & -0.2334 & -0.1595 & -0.4393 & -0.5795 \end{bmatrix}$$

表 5-7　道德风险子因素的评分及权重

Table 5-7　The rate and weight of moral risk

风险维度	风险因素	权重 b_i	专家评分
道德风险	创新成果知识产权分配 A_{20}	0.24682	2.562
	各创新主体间信任程度 A_{21}	0.21474	5.367
	各创新主体自利行为 A_{22}	0.21476	4.135
	创新各主体利益分配 A_{23}	0.32371	7.168

由表 5-7 可知，“X1215”项目道德风险因素的权重为 b_i（i=1,2,3,4），则技术协同创新道德风险与风险等级 j（j=1,2,3,4,5）的关联度为：

$$K_j\left(R\right)=\sum_{i=1}^{4}a_iK_j\left(y_i\right)=(-0.00225,-0.21125,-0.17462,-0.25368,-0.46534),$$

$$K_1\left(R\right)=-0.00225,\quad K_2\left(R\right)=-0.21125,\quad K_3\left(R\right)=-0.17462,$$

$$K_4\left(R\right)=-0.22368,\quad K_5\left(R\right)=-0.46534,$$

$$K_{jo}(R)=\max\{K_1(R),K_2(R)\text{L}\ K_5(R)\}=-0.00225\ 。$$

最终得出“X1215”项目道德风险因素的风险等级为一级，低度风险，与该项目的实际风险状况基本吻合。

5.4 本章小结

本章在第 3 章构建的企业技术协同创新关键风险指标体系的基础上，构建了企业技术协同创新风险测评的可拓物元模型，以各项关键风险因素的专家打分原始数据为依据，对各项风险因素指标的专家打分的平均值进行归一化处理，并将归一化结果作为企业技术协同创新关键风险因素的权重系数；最后，以河北钢铁集团“X1215”项目进行实证研究，从而验证了企业技术协同创新风险的可拓物元测评模型具有简便、可操作性好以及实用等特点，能够对企业技术协同创新项目的综合风险及各风险维度风险进行比较全面且客观的评价，对提高企业技术协同创新项目的成功概率以及降低企业技术协同创新过程中的风险发生概率有重要作用。

第 6 章　企业技术协同创新风险决策

企业技术协同创新活动是一项复杂的系统工程，在技术协同创新的过程中时刻面临着来自各方面的风险威胁，假如在技术创新过程中企业管理者对风险估计不足或风险控制措施不得当，那么势必会给技术协同创新主体和技术协同创新项目造成无法挽回的损失。对于企业以及技术协同创新的其他主体而言，必然希望在承担最小风险的前提下实现技术创新的收益最大化，在企业技术协同创新风险产生后如何权衡技术协同创新的收益和风险，进而作出最科学合理的风险决策是本章所需要研究的内容和重点。本章将分别针对企业技术协同创新项目选择风险和项目实施风险分别构建风险决策模型，提高企业技术协同创新风险决策的科学性，降低企业技术协同创新风险发生的概率以及可能造成的损失，最终保证企业技术协同创新项目的顺利实施。

6.1 企业技术协同创新风险决策理论分析

6.1.1 风险决策的主观性影响因素

风险决策的主观性影响因素具体体现在以下两个方面：

1.决策主体的风险态度

一般而言，决策主体的风险态度包括为冒险型、中立型以及保守型等三种类型[130]。根据对实验心理学既有风险决策和风险态度的研究成果的归纳和梳理，可以得出如下结论：第一，决策主体的风险态度不仅会对决策方案的选择产生影响，而且还会对决策执行的效果产生严重影响；第二，决策主体对待风险的态度在一定时期内具有相对稳定性；第三，除极端决策行为外，对于保守型和冒险型决策的优劣尚无明确定论；第四，在现实中，保守型决策者的数量要高于冒险型决策者；第五，不同的决策者的风险倾向各不相同。上述结论对于企业技术协同创新风险决策具有重要的参考价值。

决策主体的风险态度可以通过效用曲线进行测定，效用曲线的横坐标为损益值（用 x 表示），纵坐标为效用值（用 y 表示），则效用曲线的数学表达式为：$y=u(x)$，其中 $x\in[0,b]$，$y\in[0,1]$，u（0）=0，u（b）=1。

当效用函数为 $y=\frac{1}{b}x$ 时，表示决策主体对待风险的态度是中立型；

当 $x\in[0,\ b]$ 时，至少存在一点可使不等式 $u(x)-\frac{1}{b}x\geqslant 0$ 成立，则证明该决策主体的风险态度为保守型，其保守度计算函数式为：$y_{\tau}=\frac{2}{b}\int_0^b\left(u(x)-\frac{1}{b}x\right)\mathrm{d}x$；

当 $x\in[0,\ b]$ 时，至少存在一点可使不等式 $u(x)-\frac{1}{b}x\leqslant 0$，则表明该决策主体的风险态度为冒险型，其冒险度计算的函数式为：$y_m=\frac{2}{b}\int_0^b\left(\frac{1}{b}x-u(x)\right)\mathrm{d}x$。

虽然从心理学层面无法区分保守型决策和冒险型决策的优劣，但对于企业技术协同创新风险决策而言，极端冒险和极端保守的风险决策均不可取，极端冒险可能会导致更严重的损失，而极端保守则有可能会带来较高的机会损失，因此，对于保守型决策者或冒险型决策者而言，在企业技术协同创新风险决策时一定要把握适度原则，避免极端或盲目的决策行为的发生。

2.决策主体的主观预期

主观预期指的是决策主体对技术协同创新项目的期望，决策主体对技术协同创新目标的期望是理性因素和非理性因素的综合体，而主观期望中的非理性预期将会对决策主体的决策行为产生重要的影响[131]。在企业技术协同创新风险决策过程中，决策主体的主观期望往往会产生偏差，而偏差的根源在于期望与实际效果的失衡以及风险预测的偏差，等等。

6.1.2 风险决策的原则

决策主体总是希望在信息相对完备的情况下进行风险决策，但是在大多数情况下，决策主体不能及时获取详细而客观的风险信息，因此也就不能准确判定各种风险及其发生的客观概率。因此，为了提高风险决策效率和效果，企业技术协同创新项目进行风险决策时需要遵循一定的规律和原则，尽量避免企业技术协同创新风险决策的盲目性和风险性，具体体现在以下三个方面：

（1）优势原则。风险决策一般都是在两种及以上备选决策方案中进行比较选择，假如从企业技术协同创新任意主体的角度考虑该方案都相对优于其他方案，那么该方案将被视为优势方案，而除此之外的方案为劣势方案。决策主体在遵循优势原则进行风险决策时，其所选择的优势方案具有相对性，并不代表该方案是风险调控的最佳方案，只是在备选方案中该方案相对具有优势而已。

（2）期望值原则。期望值是风险决策在不同状态下的损益值（或效用值）乘上相对应的发生概率之和，在$E\left(d_i\right)=\sum_{j=1}^{n} p\left(\theta_j\right) d_{ij}$式中，$E$（$d_i$）是变量$d_i$的期望值，$d_{ij}$是变量$d_i$在自然状态$\theta_j$下的损益值，$p$（$\theta_j$）是自然状态$\theta_j$的发生概率。期望值原则就是在对备选决策方案期望值大小进行比较的基础上，选择期望值较大的备选决策方案。

（3）科学性原则。提及风险决策，人们首先想到的便是决策树模型、效用函数模型等定量决策模型，虽然定量决策模型能够在一定程度上提高决策的准确性和可操作性，但是，定量决策模型同样存在自身的局限性，这主要由于定量决策模型通常都需先设定前提或假设条件，而前提或假设条件可能仅与实际情况相似，而并非完全相同，因此，这些假设或前提条件有可能会造成定量决策模型分析结果与现实存在一定的偏差，从而导致风险决策的失败。因此，在企业技术协同创新风险决策时要将定量分析与定性分析相结合，从而不断提高风险决策的科学性和合理性[132]。

6.2 企业技术协同创新项目选择风险决策模型

6.2.1 项目选择风险决策方法

项目选择风险决策指在众多互不相关的备选技术协同创新项目中选择最具市场潜力和替代性较低的技术协同创新项目的过程。一般而言，企业技术协同创新项目风险决策的方法主要包括以下三种：①风险排序法，即以风险大小对备选技术协同创新项目进行顺序排序，选择风险值最小的备选项目；②风险-收益排序法，即以风险作为极小化的目标函数，以预期收益作为约束条件，从备选方案中选择既满足预期收益同时风险最小的项目；③收益-风险排序法，即以收益最大化作为目标函数，以风险作为约束条件，从备选方案中选择既满足风险最小同时收益最大的项目。但是，由于上述三种方法的研究视角较为单一，对于预期收益的估计过于理想化，同时并未将决策主体的风险态度和风险倾向纳入项目选择风险决策研究的范畴，因此上述三种方法在应用中都存在一定的不足。而书书针对企业技术协同创新项目选择风险决策的特点，综合各方因素，提出企业技术协同创新项目选择风险分段决策模型[133]。

6.2.2 投资-收益模型

假设条件 1：存在 n 个技术协同创新备选项目，分别表示为 $I_1,I_2,\cdots,I_n$，其构成的备选项目集为 $I=\{I_1,I_2,\cdots,I_n\}$；

假设条件 2：I_i 备选项目的预期收益为 M_i，预期成本投入为 C_i，预期成本的上限为 C；

假设条件 3：ρ 为剩余资源的社会平均收益率；

假设条件 4：在备选项目 $I_1,I_2,\cdots,I_n$ 中，给定如下变量关系：$\begin{cases}X_i=0\\X_i=1\end{cases}$，其中 $X_i=0$ 表示放弃该备选项目，而 $X_i=1$ 则表示可以选择该备选项目。

由假设条件可知，$\sum\limits_{i=1}^{n}M_iX_i$ 为选择项目的收益，$\sum\limits_{i=1}^{n}C_iX_i$ 为选择项目的成本

投入，$C-\sum_{i=1}^{n}C_iX_i$ 表示项目的节余费用，从而得出节余资源的机会效益：

$$\rho\left(C-\sum_{i=1}^{n}C_iX_i\right) \tag{6-1}$$

企业技术协同创新项目选择风险决策的目标函数为：

$$\max J=\sum_{i=1}^{n}M_iX_i+\rho\left(C-\sum_{i=1}^{n}C_iX_i\right) \tag{6-2}$$

投资成本的约束条件函数为：

$$\sum_{i=1}^{n}C_iX_i \leqslant C \tag{6-3}$$

假设项目 I_i 在一定主观概率下的方差为 $\sigma_i(i=1,2,\cdots,n)$，那么 σ_i 即为 I_i 的投资风险系数。当备选项目的 σ_i 值小于既定值 σ_t，那么项目总体风险的约束条件函数可表示为 $\sigma_iX_i \leqslant \sigma_t$，其中 σ_t 值主要由决策主体的风险态度所决定，根据决策主体风险态度的类型设定不同的常数，σ_t 值的确定方法如下：

项目 I_i 的投资风险系数为 $\sigma_i(i=1,2,\cdots,n)$，则 σ_i 值的最大和最小值分别表示为 $\sigma_{\max}=\max(\sigma_1,\sigma_2,\cdots,\sigma_n)$ 和 $\sigma_{\min}=\min(\sigma_1,\sigma_2,\cdots,\sigma_n)$。将[$\sigma_{\max}$，$\sigma_{\min}$]区间值 a，b，c，d 为界限等分为 5 段，分段区间分别表示为[$\sigma_{\min}$，σ_a]，[σ_a，σ_b]，[σ_b，σ_c]，[σ_c，σ_d]，[σ_d，$\sigma_{\max}$]，这五个区间分别表示低风险区、较低风险区、一般风险区、较高风险区以及高风险区。然后，根据决策主体的风险态度类型进行赋值，假如决策主体为保守型，则约束条件为 $\sigma_t=\sigma_b$；如果决策主体为折中型，则约束条件为 $\sigma_t=\sigma_c$；如果决策主体为冒险型，则约束条件为 $\sigma_t=\sigma_d$。

在综合考虑成本投入约束和投资风险约束的基础上得出项目选择风险的决策模型为：

$$\max J=\sum_{i=1}^{n}M_iX_i+\rho\left(C-\sum_{i=1}^{n}C_iX_i\right)\quad \text{s.t.}\begin{cases}\sum_{i=1}^{n}C_iX_i\leqslant C\\ \sigma_iX_i\leqslant\sigma_t\\ i=1,2,\cdots,n\\ X_i=0,1\end{cases}\tag{6-4}$$

其中，满足公式（6-4）模型约束条件的 $\boldsymbol{X}=\left(X_1,X_2,\cdots,X_n\right)^{\mathrm{T}}$ 为该决策模型的可行解，由可行解构成的集合成为可行域；满足公式（6-4）模型目标函数 J 最大值的可行解 $\boldsymbol{X}^0=\left(X^0{}_1,X^0{}_2,\cdots,X^0{}_n\right)^{\mathrm{T}}$ 为决策模型的最优解；如果目标函数 $J=J^*\neq\max J$，但决策主体对 $\boldsymbol{X}^1=\left(X^1{}_1,X^1{}_2,\cdots,X^1{}_n\right)^{\mathrm{T}}$ 感到满意，则成为决策模型的满意解。

6.2.3 风险分析模型

基于投资-收益视角的决策模型是技术协同创新项目选择风险决策的第一阶段，经过该阶段的决策模型后，决策主体会放弃部分备选项目，而保留的项目需要通过第 5 章构建的可拓物元模型进行项目风险的测评，然后根据各项目的风险水平和等级进行第二阶段的风险决策。在企业技术协同创新项目选择风险决策的过程中，不能仅考虑项目本身的综合风险等级，而应在关注综合风险等级的前提下，重视关键风险要素的风险水平。例如：假设某技术协同创新项目综合风险等级为二级风险，为较低风险水平，但是其技术风险要素的风险等级为四级，为较高风险水平，该技术协同创新项目的技术复杂程度和难度有可能已经接近或超过技术协同创新主体的能力范围，在这种情况下，该技术协同创新项目应该被及时放弃。

通过第 3 章对企业技术协同创新关键风险因素指标的分析，兼顾各风险因素指标间的影响排序，同时综合相关风险决策和管理专家的建议，从而得出企业技术协同创新过程中应重点予以关注的风险因素指标，具体包括：协同创新政策 A_1（y_1）、成果市场转化率 A_6（y_2）、竞争者创新速度 A_7（y_3）、资金链稳定性 A_{10}（y_4），项目可行性论证与规划 A_{13}（y_5），信息的共享与传递 A_{14}（y_6）、技术创新协作能力 A_{17}（y_7）、技术创新项目难度 A_{18}（y_8）、成果

的可替代性 A_{19}（y_9）、各创新主体间信任程度 A_{20}（y_{10}）、创新各主体利益分配 A_{21}（y_{11}）。

根据上述分析，提出企业技术协同创新项目取舍准则：

准则 1：当技术协同创新项目综合风险等级（D）大于一定的风险等级，那么该备选项目将被放弃；

准则 2：当技术协同创新项目风险因素（PR、MR、FR、SR、TR、ER）超过一定的风险等级，那么该备选项目将被放弃；

准则 3：当技术协同创新项目关键风险指标 $y=\left(y_{1,}y_2,\cdots,y_{11}\right)$ 中任一风险指标超过一定的风险等级，那么该备选项目将被放弃。

在上述取舍准则的基础上，可以构建企业技术协同项目的风险分析模型。首先，通过公式（6-4）模型分析后，保留的备选技术协同创新项目可表示为 $I_{n_1},I_{n_2},\cdots,I_{n_m}$，其中 $n_1,n_2,\cdots,n_m\in N$，同时 $n_1,n_2,\cdots,n_m\leqslant n$；其次，以第 5 章所构建的可拓物元评价模型为基础，对保留项目 I_{n_i} 的综合风险 DR_{n_i}、政策风险因素 PR_{n_i}、市场风险因素 MR_{n_i}、财务风险因素 FR_{n_i}、管理风险因素 SR_{n_i}、技术风险因素 TR_{n_i} 以及道德风险因素 ER_{n_i} 等的风险等级进行测评，其中，i=（1,2,⋯,m），DR_{n_i}、PR_{n_i}、MR_{n_i}、FR_{n_i}、SR_{n_i}、TR_{n_i}、$ER_{n_i}\in\{1,2,3,4,5\}$={一级风险，二级风险，三级风险，四级风险，五级风险}={低风险，较低风险，一般风险，较高风险，高风险}；最后，根据专家对关键风险因素的评分，计算得出保留项目 I_{n_i} 的关键风险因素指标 y_j 的风险等级测评值为 yr_{n_ij}，其中 i=（1,2,⋯,m），$j=1,2,\cdots,11$，$yr_{n_ij}\in$［0，5］。

对保留项目 I_{n_i} 而言，只要不能满足以下任意模型的要求，那么该项目将被放弃。

$DR_{n_i}\geqslant D'$（总体判别）；

$PR_{n_i}\geqslant P'$，$MR_{n_i}\geqslant M'$，$FR_{n_i}\geqslant F'$，$SR_{n_i}\geqslant S'$，$TR_{n_i}\geqslant T'$，$ER_{n_i}\geqslant T'$（因素判别）；

$yr_{n_ij}\geqslant y_j'$（关键指标判别）。

其中，D'、P'、M'、F'、S'、T'、T'、y_j' 为判别标准，其取值范围为[0，5]，同时可根据决策主体的风险态度类型进行赋值，例如：如决策主体为冒险型，则取标准值为 4；如决策主体为折衷型，则取标准值为 3；如决策主体为保守型，则取标准值为 2。

6.2.4 项目选择风险决策模型实证研究

2009—2011 年间，河北钢铁集团与北京科技大学合作进行了多项技术创新活动，在合作初期共有 5 个备选项目：项目 1（宣钢 LD－LF－CC 工艺洁净钢生产研究）、项目 2（高速线材气雾冷却器开发）、项目 3（齿轮钢 20CrMoTiH 生产技术开发与应用）、项目 4（中高强度冷镦钢生产技术开发与应用）、项目 5（张家口地区含钛铁精粉烧结与冶炼技术研究），由于河北钢铁集团的年度技术协同创新预算资金为 5000 万元，因此需要从中选择应用前景较好的项目进行研发。

根据相关专家对备选项目的投入成本、预期收益的预测和估计，可得出如下数据，如表 6-1 所示。由表 6-1 可知，$\sigma_{\max}=0.39$，$\sigma_{\min}=0.18$，然后根据等分原则将[0.18，0.39]区间等分为五个分区间，分别为[0.180，0.222]，[0.222，0.264]，[0.2642，0.306]，[0.306，0.348]，[0.348，0.390]，并征询决策主体的个人意见基础上，得出决策主体的风险态度类型为折中型，进而得出其风险约束上限$\sigma_0=0.264$。

表 6-1　技术协同创新备选项目成本、收益以及投资风险系数

Table 6-1　Costs, benefits and investment risk factor technology options for collaborative innovation projects

项目	变量（X_i）	成本（百万元）（C_i）	收益（百万元）（M_i）	风险系数 σ_i
1	X_1	20	65	0.27
2	X_2	14	85	0.26
3	X_3	17	72	0.22
4	X_4	13	49	0.18
5	X_5	20	54	0.39

第一，投资-收益分析模型。将表 6-1 所得数据代入公式（6-4）中，可得出：

$$\max J=\sum_{i=1}^{n}M_iX_i+5\rho\left(C-\sum_{i=1}^{n}C_iX_i\right)=$$

$$65X_1+85X_2+72X_3+49X_4+54X_5+$$

$$5\times0.103\text{（}50-20X_1-14X_2-17X_3-13X_4-20X_5\text{）}$$

$$\text{s.t.}\begin{cases}20X_1+14X_2+17X_3+13X_4+20X_5\leqslant 50\\ \sigma_1X_1\leqslant 0.264\\ \sigma_2X_2\leqslant 0.264\\ \sigma_3X_3\leqslant 0.264\\ \sigma_4X_4\leqslant 0.264\\ \sigma_5X_5\leqslant 0.264\\ X_1,X_2,X_3,X_4,X_5=0,1\end{cases}$$

对上式进行求解，可得到 $\boldsymbol{X}=(X_1,X_2,X_3,X_4,X_5)=(0,1,1,1,0)$，从而得出备选项目 2，项目 3 和项目 4 可以保留，而项目 1 和项目 5 应选择放弃。

第二，技术协同创新项目风险分析模型。经过第一阶段的决策模型后，项目 1 和项目 5 被放弃，而保留的项目为备选项目 2、项目 3 和项目 4。接下来，需要通过第 5 章构建的可拓物元模型进行项目综合风险、风险因素以及关键风险指标风险等级进行测评，然后根据测评结果进行第二阶段的风险决策，具体测评结果如表 6-2 所示。

从表 6-2 可得出，保留项目 2、项目 3、项目 4 综合风险等级均为三级一般风险水平，各项目的风险因素风险等级也均未超过三级，但是项目 2 的关键风险指标技术创新项目难度风险等级为五级高风险等级。根据取舍准则和风险分析模型，可得出应选择项目 3 和项目进行技术协同创新研发，而项目 2 应该放弃。事实证明，由于决策主体仅依靠投资和收益分析的结果便进行项目的选择和实施，从而导致项目 2 的研发失败，而项目 3 和项目 4 在 2011 年研发完成并投产使用。

表 6-2　技术协同创新保留项目的风险测评结果

Table 6-2　The results of risk assessment of technology collaborative innovation projects

技术协同创新项目风险		项目 2	项目 3	项目 4
	综合风险	3（三级风险）	3（三级风险）	2（二级风险）
风险因素	政策风险	2（二级风险）	2（二级风险）	2（二级风险）
	市场风险	2（二级风险）	2（二级风险）	3（三级风险）
风险因素	财务风险	3（三级风险）	3（三级风险）	3（三级风险）
	管理风险	2（二级风险）	2（二级风险）	2（二级风险）
	技术风险	3（三级风险）	3（三级风险）	2（二级风险）
	道德风险	3（三级风险）	3（三级风险）	2（二级风险）
关键风险因素指标	协同创新政策	1.65（二级风险）	1.65（二级风险）	1.65（二级风险）
	成果市场转化率	2.14（三级风险）	1.96（二级风险）	1.78（二级风险）
	竞争者创新速度	2.87（三级风险）	2.87（三级风险）	2.87（三级风险）
	资金链稳定性	0.89（一级风险）	0.89（一级风险）	0.89（一级风险）
	项目可行性论证与规划	1.94（二级风险）	1.94（二级风险）	1.94（二级风险）
	信息的共享与传递	1.87（二级风险）	1.87（二级风险）	1.87（二级风险）
	技术创新协作能力	2.94（三级风险）	2.94（三级风险）	2.94（三级风险）
	技术创新项目难度	4.12（五级风险）	2.88（三级风险）	2.72（三级风险）
	成果的可替代性	1.46（二级风险）	1.46（二级风险）	1.46（二级风险）
	各创新主体间信任程度	0.65（一级风险）	0.65（一级风险）	0.65（一级风险）
	创新各主体利益分配	1.98（二级风险）	1.98（二级风险）	1.98（二级风险）

6.3 企业技术协同创新项目中止风险决策模型

企业技术协同创新项目中止决策指对于正在实施的技术协同创新项目，决策主体根据项目的进展情况、内外部环境以及风险因素的变化等，对协同创新项目的前景进行预判和分析，以决定协同创新项目未来走向的决策过程。由于企业技术协同创新风险的多样性和复杂性，因此技术协同创新项目的中止决策现象极为普遍，尤其是当协同创新项目取得一定的进展，但由于风险因素的影响导致现有成果与预期规划存在一定差距的情况下，协同创新决策主体往往会陷入两难决策境地。若中止项目研发，则前期投入将付之一炬；若继续研发，可能会由于更多风险因素的影响而导致研发失败，造成更严重的损失。在这种情况下，协同创新主体如何进行风险决策是本节所重点研究的问题。

从目前中止决策方法的研究现状来看，其研究思路主要可归纳为两个方面：一方面，决策主体基于成本损失-收益的视角对项目进行考量，以决定项目继续与否；另一方面，从项目自身存在和面临的风险视角对项目的未来发展趋势进行分析和预判，并以此为依据进行风险决策[134]。上述两种方法都有自己的优势，但是也同样都存在决策系统性不足的缺陷。因此，本书试图将两种方法进行融合，并在此基础上提出企业技术协同创新项目中止的分段风险决策模型。

6.3.1 中止决策的经济模型

协同创新决策主体应在市场预测和技术分析基础上对实施的协同创新项目进行成本-收益比较分析，为风险决策的制定提供参考的依据[135]。如图 6-1 所示，技术协同创新项目的成本-收益比较分析曲线图，在该图中横轴表示时间，通常以年为单位，纵轴表示收益（正值为收益，负值为成本投入），收益净现值指项目投入使用后的净现金流量，按成本或企业要求达到的报酬率折算为现值，减去初始投资所得的差额。

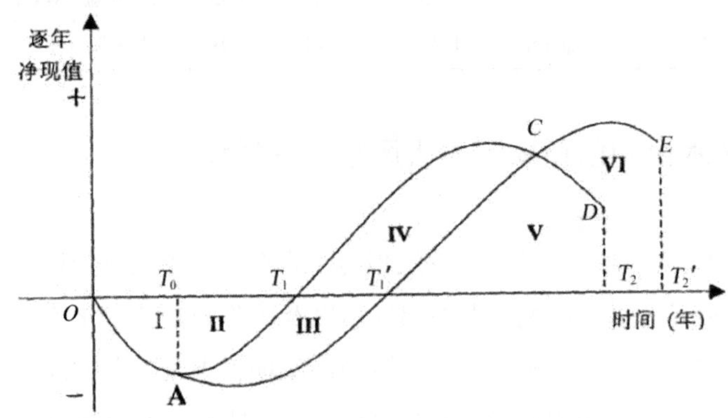

图 6-1　技术协同创新项目成本-收益分析曲线图

Fig.6-1　The cost-benefit analysis graph of technology collaborative innovation projects

设技术协同创新项目的研发周期为T_2，当技术协同创新项目启动初期即t=0时，OAT_1CD所构成的曲线为技术协同创新项目的预期成本投入和收益曲线，其中OAT_1曲线为企业技术协同创新项目的成本投入阶段，T_1CD曲线表示技术协同创新项目的应用收益阶段，而横轴与T_1CDT_2所构成的封闭区域则为企业技术协同创新项目的预期收益额度，可表示为：预期收益额=$S_{T_1CD\,T_2}-SO_{A\,T1}$。

当企业技术协同创新项目进行到 t=T_0 阶段时，由于受到各种主客观风险因素的影响，需要对预期收益进行重新评估，此时会发现预期成本和收益曲线走向发生改变。设技术协同创新项目的研发周期为T_2'，$OAT_1'CE$ 所构成的曲线为技术协同创新项目的预期成本投入和收益曲线，其中 OAT_0 部分为技术协同创新项目的成本投入，$T_{OAT'}$ 与横轴所构成的区域表示研发时间由 T_0 到T_1' 企业技术协同项目还需进行的成本投入额度，从而得出技术协同创新项目的预期利润额：预期利润=$S_{T_1'CET_2'}-S_{OAT_0}-S_{T_0AT_1'}=S_{T_1'CET_2'}-S_{OAT_1'}$。

从而可以得出 t=T_0 企业技术协同创新项目中止的必要条件：即当 t=T_0 时刻，项目的预期收益与成本投入差额小于等于 0 的情况下，应及时中止技术协同创新项目的研发，可表示为：

$$S_{T_1'CET_2'}-S_{OAT_1'}\leqslant 0 \tag{6-5}$$

即：

$$S_{T_1'CET_2'}-S_{OAT_0}-S_{T_0AT_1'}\leqslant 0 \tag{6-6}$$

可对上述表达式进行简化：

$$S_{\text{V}}+S_{\text{VI}}-(S_{\text{I}}+S_{\text{II}}+S_{III})\leqslant 0 \tag{6-7}$$

即：

$$S_{\text{V}}+S_{\text{VI}}\leqslant(S_{\text{I}}+S_{\text{II}}+S_{\text{III}}) \tag{6-8}$$

但是，上述条件仅仅是项目中止决策的必要条件，在某些特殊情况下，虽然预期收益为亏损状态，但是决策主体依然会作出继续实施的风险决策[136]。如表 6-3 所示，该表为某技术协同创新项目的预期成本和收益数据。

表 6-3　某技术协同创新项目的预期成本和收益数据（万元）

Table 6-3　The expected costs and benefits of a technology collaborative innovation projects

时间	已投入成本	尚需成本	预期收益	预期利润
2009	0	220	400	180
2011	150	180	300	−30

按照技术协同创新必要条件的要求，该技术协同创新项目的预期收益低于预期成本投入，应该终止项目，但是从另一个角度来看，该项目前期已经投入成本 150 万元，当项目研发成功后虽然收益降低但是仅损失 30 万元，如果在 $t=T_0$ 时刻中止，那么损失的将为前期投入成本 150 万元，相比之下，还是维持项目研发较为合理，由此案例可得出技术协同创新项目中止决策的充分条件：

$$B_{T0} < C_{1T_0} \tag{6-9}$$

其中，B_{T0} 为 $t=T_0$ 时刻技术协同创新项目的的预期总收益，C_{1T_0} 表示 $t=T_0$ 时刻技术协同创新项目尚需投入的成本额度。

6.3.2 中止决策的风险分析模型

经过第一阶段对技术协同创新项目成本-收益分析后，如该项目符合继续实施的充分必要条件，那么将进行第二阶段的风险分析，主要是对项目的综合风险以及关键风险指标的风险等级进行测评[137]。

第一，构建企业技术协同创新项目中止决策的关键风险指标体系，由于第 3 章已经对企业技术协同创新的关键指标体系进行了筛选和验证，因此，企业技术协同创新的关键指标体系即为中止决策的关键风险指标体系。

第二，以第 5 章所构建的企业技术协同创新风险可拓物元评价模型为基础，对企业技术协同创新项目综合风险和关键风险指标进行测评。

第三，根据企业技术协同创新项目自身的综合风险和关键风险指标的风险等级同时结合协同创新决策主体的风险态度进行项目中止风险决策。

6.3.3 中止决策模型的实证分析

本书选取河北钢铁集团宣钢股份有限公司与北京科技大学合作的“X1215

环保型易切削钢生产技术开发与应用”项目进行实证研究。

第一，中止决策的经济模型。该项目始于 2009 年，2010 年进入现场试验阶段，所生产的 X1215 盘条完全符合切削性、拉拔性以及铆焊性的要求。该技术协同创新项目初始研究阶段（t=2009）时对预期成本和收益进行了分析，该项目经过一年的研发在 2012 年即将进入实验生产阶段，由于市场环境的改变，钢铁产业的价格和利润空间不断下滑，为了避免给企业协同创新主体造成不必要的损失，重新对该项目进行了成本和收益分析，如表 6-4 所示。由表 6-4 可知，$B_{T0}(510) > C_{1T_0}(220)$，根据中止决策的经济准则可知，该项目可以继续进行研发。

表 6-4　项目的预期成本和收益分析（单位：万元）

Table 6-4　The expected costs and benefits of project analysis

时间	已投入成本	尚需成本	预期收益	预期利润
初期=2009	0	190	650	460
中期=2010	80	220	510	210

第二，中止决策风险分析模型。经过第一阶段对技术协同创新项目成本-收益分析后，如该项目符合继续实施的充分必要条件，那么将进行进行第二阶段的风险分析，主要是对项目的综合风险以及关键风险指标的风险等级进行测评。构建企业技术协同创新项目中止决策的关键风险指标体系，由于第 3 章已经对企业技术协同创新的关键指标体系进行了筛选和验证，因此，企业技术协同创新的关键指标体系即为中止决策的关键风险指标体系，详见表 6-5 第 1 列。

然后，以第 5 章所构建的企业技术协同创新风险可拓物元评价模型为基础，对企业技术协同创新项目综合风险和关键风险指标进行测评，具体结果详见表 6-5 第 4 列。从表 6-5 可知，企业技术协同创新项目综合风险等级为二级风险水平，风险较低，但其中个别风险因素的测评结果为四级风险水平，通过咨询了解技术协同创新项目决策主体的风险态度为折中型，因此，该项目可以继续实施。

表 6-5 “X1215”项目各风险因素指标评分及权重

Table 6-5 The rate and weight of innovation collaborative risk of “X1215” project

风险因素	权重 b_i	专家评分	风险等级
协同创新政策 A_1	0.3491	2.727	0.91（一级风险）
宏观经济形势 A_2	0.3249	2.455	1.46（二级风险）
知识产权制度 A_3	0.3260	1.091	2.35（三级风险）
知识产权确权率 A_4	0.2219	1.818	2.46（三级风险）
行业标准认定率 A_5	0.2711	1.455	1.86（二级风险）
成果市场转化率 A_6	0.4037	5.182	1.65（二级风险）
竞争者创新速度 A_7	0.1033	2.545	1.06（二级风险）
创新主体出资比 A_8	0.2458	5.455	1.26（二级风险）
资金预算执行率 A_9	0.2719	3.656	1.91（二级风险）
资金链稳定性 A_{10}	0.3056	7.919	2.06（三级风险）
突发应急反应能力 A_{11}	0.1767	2.455	2.89（三级风险）
风险管理专业水平 A_{12}	0.2078	1.717	2.24（三级风险）
项目可行性论证 A_{13}	0.2935	2.818	0.89（一级风险）
信息共享与传递 A_{14}	0.3126	3.818	2.36（三级风险）
技术协同创新项目负责人水平 A_{15}	0.1861	2.455	2.29（三级风险）
团队高级人才比重 A_{16}	0.24826	1.727	0.77（一级风险）
技术创新协作能力 A_{17}	0.25039	4.909	1.56（二级风险）
创新项目难度 A_{18}	0.25088	3.816	3.18（四级风险）
成果的可替代性 A_{19}	0.25047	6.593	1.35（二级风险）
成果知识产权分配 A_{20}	0.24682	2.562	0.54（一级风险）
主体间信任程度 A_{21}	0.21474	5.367	1.04（二级风险）
各主体自利行为 A_{22}	0.21476	4.135	0.86（一级风险）
各主体利益分配 A_{23}	0.32371	7.168	1.25（二级风险）

事实证明，该项目于 2012 年正式投产应用，面对严峻市场形势，宣钢生产的环保型硫系易切削钢 X1215 的力学性能均达到客户要求，钢材切削性能良好，在 180m/min 的切削速度下，刀具寿命长达 88min，车屑呈白色 C 型屑或短螺旋屑，排屑顺畅，工件加工表面光滑。目前，环保型硫系易切削钢 X1215 盘条已达 8500 吨，标志着宣钢这一钢种实现了规模化生产，进一步增加了品

种效益。

6.4 本章小结

本章首先对风险决策的主观性影响因素和风险决策的原则进行了简单阐述，随后分别针对企业技术协同创新项目选择风险和项目实施风险构建了风险决策模型，以河北钢铁集团的技术协同创新项目进行了实例验证。研究表明：企业技术协同创新风险决策模型能够有效地提高企业技术协同创新风险决策的科学性，降低企业技术协同创新风险发生的概率以及可能造成的损失，最终保证企业技术协同创新项目的顺利实施。

第 7 章　企业技术协同创新风险优化决策模型

企业技术协同创新是一项复杂的系统工程，在技术协同创新的过程中时刻面临着来自各方面的风险威胁。假如在技术创新过程中企业管理者对风险估计不足或风险优化控制不得当，那么势必会给技术协同创新主体和技术协同创新项目造成无法挽回的损失。因此，本书研究的根本点在于如何对企业技术协同创新风险进行有效的优化和控制，对企业技术协同创新风险的测度以及风险传递路径的研究都是为企业技术协同创新风险控制提供参考和借鉴，从而降低企业技术协同创新风险发生的概率以及可能造成的损失，最终保证企业技术协同创新项目的顺利实施。对于企业以及技术协同创新的其他主体而言，必然希望在承担最小风险的前提下实现技术创新的收益最大化，在企业技术协同创新风险产生后如何权衡技术协同创新的收益和风险，进而作出最科学合理的风险优化和控制决策是本章所需要研究的内容和重点。本章在综合粗糙集和贝叶斯模型的基础上，构建了企业技术协同创新的收益-风险优化决策模型，以各风险因素属性的收益-风险平衡组合函数为指标进行启发式属性约简。

7.1 风险最小化的属性约简

7.1.1 风险最小化的贝叶斯决策

在现实生活中，风险和损失是相伴而生的一组概念，最小风险贝叶斯决策就是在考虑各种风险或错误造成的损失度差异而提出的一种决策规则。在决策论中风险优化决策的可能状态表示为 $\omega_j, j=1,2,\cdots,s$，风险优化决策对象的可能状态构成状态集合 $\Omega=(\omega_1,\omega_2,\cdots\omega_s)$，而风险优化控制的各种可能性决策表示为 $a_i(i=1,2,\cdots,m)$，任何风险优化和控制决策 a_i 都必然会造成一定的损失，而损失的程度由其所选择的风险优化和控制决策以及风险状态所决定，因此，由风险而导致的损失可以转化为风险决策和风险状态的函数。函数关系以损失矩阵的形式表述为：$\lambda(a_i,\omega_j), i=1,2,\cdots,m, j=1,2,\cdots,s$，即当存在 s 个风险状态和 m 个风险优化控制决策时，$\lambda(a_i,\omega_j)$ 表示在风险状态 a_i 下选择 w_j 风险优化和控制决策时所造成的损失，贝叶斯决策损失矩阵如表 7-1 所示。

表 7-1　贝斯叶风险决策损失矩阵

Table 7-1　Bayesian risk decision ioss matrix

风险决策	ω_1	ω_2	$\cdots$	ω_s
a_1	$\lambda(a_1,\omega_1)$	$\lambda(a_1,\omega_2)$	$\cdots$	$\lambda(a_1,\omega_s)$
a_2	$\lambda(a_2,\omega_1)$	$\lambda(a_2,\omega_2)$	$\cdots$	$\lambda(a_2,\omega_s)$
$\vdots$	$\vdots$	$\vdots$		$\vdots$
a_m	$\lambda(a_m,\omega_1)$	$\lambda(a_m,\omega_2)$	$\cdots$	$\lambda(a_m,\omega_s)$

假定各风险状态的发生先验概率 $P(\omega_j)$ 和风险状态 ω_j 下具有的描述为 $[x]$ 的条件概率 $P(x|\omega_j)$ 已知，根据贝斯叶概率计算得出 $[x]$ 处于 ω_j 风险状态的后验概率 $P(\omega_j|x)$ 为：

$$P(\omega_j|x)=P(x|\omega_j)P(\omega_j)/P(x) \tag{7-1}$$

其中，

$$P(x)=\sum_{j=1}^{s}P(x|\omega_j)P(\omega_j) \tag{7-2}$$

从而得出：

$$P(\omega_j|x)=\frac{P(x|\omega_j)P(\omega_j)}{\sum_{j=1}^{s}P(x|\omega_j)P(\omega_j)} \tag{7-3}$$

在实际的风险决策中，管理者仅依靠计算风险要素的风险状态和风险概率进行决策无法保证风险损失值的最低，同时还需要考虑风险决策后的系统整体风险值是否达到最小水平。对于给定的描述[x]，选择风险决策a_i所对应风险损失值的数学表达式为：

$$R(a_i|x)=\sum_{j=1}^{s}\lambda(a_i|\omega_j)P(\omega_j|x) \tag{7-4}$$

对所有x，使$R(a_x|x)$最小，则可以使$R(a)$最小，因此，贝斯叶最小风险决策规则为：

$$\text{If}\quad R(a_k|x)=\min_{i=1,2,\cdots,m}R(A_i|x)\text{，then}\quad a=a_k \tag{7-5}$$

由此得出：

$$a=\arg\min_{i=1,2,\cdots,m}R(A_i|x) \tag{7-6}$$

根据贝叶斯最小风险决策理论，对贝叶斯决策的最小风险的求解过程包括以下三个步骤：

步骤一：依据公式（7-1）计算后验概率；

步骤二：根据步骤一的计算结果和风险损失矩阵计算各风险决策的期望风险，如公式（7-4）所示；

步骤三：比较各风险决策的期望风险值，由公式（7-5）确定最小风险的决策a，如公式（7-6）所示。

7.1.2 决策粗糙集模型

7.1.2.1 粗糙集的基本定义

粗糙集理论特点是不需要预先给定默写特征或属性的数量描述，而是直接从给定的问题的描述集合出发。通过不可分辨关系和不可分辨类确定给定问题的近似域，找出问题内在规律。

定义1：设$K=(X,A,V,f)$是一个知识库，其中X是一个非空集合，称为论域。$A=C\bigcup D$是属性的非空有限集合，C为D的决策属性，$C\bigcap D=\varnothing$，V_a

是属性$a \in A$的值域，$f: X \times A \to V$是一个信息函数，它为每个对象赋予一个信息值。

定义 2 ：设X是一个有限的非空论域，R为X上的等价关系，等价关系R把集合X划分为多个互不相交的子集，每个子集称为一个等价类，用$[x]_R$来表示，$[x]_R = \{y \in X | xRy\}$，其中$x \in X$，称$x, y$为关于$R$的等价关系或者不可分辨关系。论域$X$上的所有等价类的集合用$X/R$来表示。

定义 3：对于任意的$Y \subseteq X$，Y 的 R 上、下近似集分别定义为：$\overline{R}(Y) = \bigcup\{Z \in X/R\ Z \cap Y \neq \varnothing\}$，$\underline{R}(Y) = \bigcup\{Z \in X/R | Z \subseteq Y\}$。集合$POS\ R(Y)$称为集合 Y 的正域，$POS\ R(Y) = \underline{R}(Y)$；集合$NEG\ R(Y) = X - \overline{R}(X)$称为集合$Y$的负域；集合$BND\ R(Y) = \overline{R}(Y) - \underline{R}(Y)$称为$Y$的$R$边界域。

集合的不确定性是由于边界域的存在，集合的边界域越大，精确性越低，粗糙度越大。当$\overline{R}(Y) = \underline{R}(Y)$时，称$Y$为$R$的精确集；当$\overline{R}(Y) \neq \underline{R}(Y)$时，称$Y$为$R$的粗糙集。

定义 4：粗糙度是表示知识的不完全程度，由等价关系 R 定义的集合 X 的粗糙度为：$\rho_R(X) = 1 - |\underline{R}X| / |\overline{R}X|$，其中$X \neq \varnothing$, $|X|$表示集合X的基数。

7.1.2.2 **决策粗糙集模型**

假设$\Omega = (\omega_1, \omega_2, \cdots \omega_s)$为具有$s$个特征向量的有限集合，$A = (a_1, a_2, \cdots, a_m)$是由 m 个风险决策组成的有限集合，$\lambda(a_i | \omega_j)$表示在风险状态ω_j下选择a_i风险决策行为，$P(\omega_j | x)$表示给定条件[x]下处于风险状态ω_j的条件概率。由此，可得出给定条件[x]下选择风险决策行为a_i的期望风险为：

$$R(a_i | [x]) = \sum_{j=1}^{s} \lambda(a_i | \omega_j) P(\omega_j | [x]) \tag{7-7}$$

对于给定条件[x]，其风险决策规则为τ_x，$\tau_x \in A$，则风险决策规则的风险函数为：

$$R = \sum\nolimits_{[x]} R(\tau(x) | [x]) p([x]) \tag{7-8}$$

从上述公式可看出，如果风险决策规则$\tau(x)$使得与给定条件[x]相对应的条件风险值越小，那么总体风险将达到最小水平。

决策粗糙集模型为简化问题，仅考虑具有互补性的两种状态集合 $\Omega=\{w,w\}$。可将其分为两种情形进行探讨：

①全体论域分为 $POS(w)$ 和 $NEG(w)$ 两个部分；

②全体论域分为 $POS(w)$、$BND(w)$ 和 $NEG(w)$ 三个部分。

由于①相对比较简单，因此，对其分析在此省略，在此重点对情形②进行论述。对于情形②，风险决策集表示为 $A=\{\alpha_P,\alpha_B,\alpha_N\}$，其中 $\alpha_P,\alpha_B,\alpha_N$ 分别表示将风险决策对象划分为 $POS(w)$（正域）、$BND(w)$（边界域）和 $NEG(w)$（负域），$\lambda_{PN},\lambda_{BN},\lambda_{NN}$ 分别表示风险决策对象 x 处于风险状态 w 时风险决策行为 a_P,a_B,a_N 相对应的风险函数，其期望风险分别为：

$$\begin{cases} R_P=R(a_P|[x])=\lambda_{PP}p(\omega|[x])+\lambda_{PN}p(\omega|[x]) \\ R_P=R(a_B|[x])=\lambda_{BP}p(\omega|[x])+\lambda_{BN}p(\omega|[x]) \\ R_P=R(a_N|[x])=\lambda_{NP}p(\omega|[x])+\lambda_{NN}p(\omega|[x]) \end{cases}, \tag{7-9}$$

依据贝斯叶最小化风险决策可得到如下风险决策规则：

（P）If $R_P\leqslant R_B$ and $R_P\leqslant R_N$，decide $x\in POS(\omega)$；

（B）If $R_B\leqslant R_P$ and $R_B\leqslant R_N$，decide $x\in BND(\omega)$；（7-10）

（N）If $R_N\leqslant R_P$ and $R_N\leqslant R_B$，decide $x\in NEG(\omega)$。

在考虑特殊风险函数 $\lambda_{PP}\leqslant\lambda_{BP}<\lambda_{NP}$ 和 $\lambda_{NN}\leqslant\lambda_{BN}<\lambda_{PN}$ 的情况下，风险决策规则表示为：

（P1） If $p(\omega|[x])\geqslant\alpha$ and $p(\omega|[x])\geqslant\gamma$，decide $x\in POS(\omega)$；

（B1） If $p(\omega|[x])\leqslant\alpha$ and $p(\omega|[x])\geqslant\beta$，decide $x\in BND(\omega)$；（7-11）

（N1） If $p(\omega|[x])\geqslant\beta$ and $p(\omega|[x])\geqslant\gamma$，decide $x\in NEG(\omega)$。

其中，

$$\alpha = \frac{\lambda_{PN} - \lambda_{BN}}{(\lambda_{PN} - \lambda_{BN}) + (\lambda_{BP} - \lambda_{PP})}$$
$$\beta = \frac{\lambda_{BN} - \lambda_{NN}}{(\lambda_{BN} - \lambda_{NN}) + (\lambda_{NP} - \lambda_{BP})} \quad (7\text{-}12)$$
$$\gamma = \frac{\lambda_{PN} - \lambda_{NN}}{(\lambda_{PN} - \lambda_{NN}) + (\lambda_{NP} - \lambda_{PP})}$$

风险决策规则 B 表明$\alpha > \beta$，通过公式（7-12）可知$\beta < \gamma < \alpha$，从而将风险决策规则简化为：

（P2） If $p(\omega|[x]) \geqslant \alpha$，decide $x \in POS(\omega)$；

（B2） If $\beta < p(\omega|[x]) < \alpha$，decide $x \in BND(\omega)$；　（7-13）

（N2） If $p(\omega|[x]) \leqslant \beta$，decide $x \in NEG(\omega)$。

根据上述风险决策规则，可将论域 U 划分为风险决策正域、风险决策边界域以及风险决策负域，这三个区域对应的风险决策规则分别为风险决策正域决策规则、风险决策边界域决策规则以及风险决策负域决策规则。

7.1.3 三支决策的正域约简

三支决策常常迫使决策者在信息不完备的情况下作出决定，因而可能导致不可弥补的后果。三支决策增加了在接受和拒绝之外的延迟决策，更符合人们在信息不完备的情况下处理问题的认知模型。三支决策是个基于决策粗糙集发展起来的新的理论方法，通过引进了阈值对(α, β)，将一个实体集合划分为三个两两互不相交的正域、负域和边界域。三支决策的正域约简定义为保证确定性分类性能不变的独立属性子集，属性的减少会降低属性集的确定性分类能力。但对决策粗糙模型而言，在错误分类可容忍的范围内从属性集中去掉部分属性后在概率分类性能上优于原属性。

决策粗糙理论中的正域存在一定概率对论域进行分类，概率阈值可通过最小化期望风险得出，其中 S 表示风险决策表，D 表示风险决策属性集，C 表示条件属性集，其定义如下所示：

定义 5：在$S = (U, A = C \cup D, V, f)$ 中，D 相对于 C 的决策粗糙集为$\alpha-$正

域的定义的数学表达式为：

$$POS_{c}^{\alpha}(D)=U_{X\in U/D}\,apr_{-C}^{\alpha}(X) \tag{7-14}$$

其中$apr_{-C}^{\alpha}(X)$为X的$\alpha-$下近似集，即$apr_{-C}^{\alpha}(X)=\left\{x\in U\left|P(X\left|[x]_{C}\right.)\geqslant\alpha\right.\right\}$，

$P(X\left|[x]_{C}\right.)=\dfrac{X\bigcap[x]_{C}}{\left|[x]_{C}\right|}$。

定理 1：在$S=(U,A=C\cup D,V,f)$中，$B\subset C$，论域D划分为$U/D=\{Y_{1},Y_{2},\cdots,Y_{i}\}$，对$\forall X\subseteq U$，$X$相对风险决策类的最大隶属度表示为：

$$m(X,D)=\max_{Y_{i}\in U/D}\left|\frac{X\bigcap Y_{i}}{X}\right| \tag{7-15}$$

且如下所列公式也成立，

$$x\in POS_{B}^{\alpha}(D)\Rightarrow\begin{cases}x\in POS_{B}^{\alpha}(D),m([x]_{C},D)\geqslant\alpha\\ x\notin POS_{C}^{\alpha}(D),m([x]_{C},D)<\alpha\end{cases} \tag{7-16}$$

公式（7-16）中$POS_{B}^{\alpha}(D)$为风险属性子集正域，$POS_{C}^{\alpha}(D)$为风险属性全集正域，$POS_{B}^{\alpha}(D)$中的对象x与$POS_{C}^{\alpha}(D)$存在两种可能性关系，即x在$POS_{C}^{\alpha}(D)$范围内或不在$POS_{C}^{\alpha}(D)$范围内，x是否在$POS_{C}^{\alpha}(D)$范围内主要取决于其最大属性度与于阈值α的比较结果。假如x的最大属性度$<\alpha$，那么证明$x\in POS_{B}^{\alpha}(D)$且$x\notin POS_{C}^{\alpha}(D)$，假如$x$的最大属性度$>\alpha$，那么证明$x\in POS_{C}^{\alpha}(D)$且$x\notin POS_{B}^{\alpha}(D)$，此时$POS_{B}^{\alpha}(D)\not\subset POS_{C}^{\alpha}(D)$，进而证明在决策粗糙模型中正域属性无单调性变化。根据决策粗糙理论正域的非单调性可得出决策粗糙集正域的约简定义及相应算法。

定义 6：在$S=(U,A=C\cup D,V,f)$中，$\alpha\in[0,1]$，若风险属性子集$B\subseteq C$满足条件①$\left|POS_{B}^{\alpha}(D)\right|\geqslant\left|POS_{C}^{\alpha}(D)\right|$和②$\forall a\in B,\left|POS_{B}^{\alpha}(D)\right|<\left|POS_{C}^{\alpha}(D)\right|$，则称风险属性子集$B$为全集$C$的决策粗糙集$\alpha$-正域的正域约简。

定义 7：在$S=(U,A=C\cup D,V,f)$中，$\alpha\in[0,1]$且$\alpha\in C$，则α的全局

重要度的函数表达式为：

$$\gamma_a^\alpha = \frac{\left|POS_{\{a\}}^\alpha(D)\right|}{|U|} \tag{7-17}$$

决策粗糙集正域约间算法求解过程是自下而上的，起点为初始空属性集，风险属性α－正域重要度为启发函数，重要度值高额风险属性被依次添加至属性集，直至满足循环终止条件，具体算法描述如下：

输入：在$S=(U,A=C\cup D,V,f)$中，$\alpha\in[0，1]$且$\alpha\in C$；

输出：α－正域约简 R；

Step 1：命令 R=∅；

Step 2：计算$\gamma_a^\alpha = \frac{\left|POS_{\{a\}}^\alpha(D)\right|}{|U|}$；

Step 3：命令 P 作为风险属性重要度值大小排序结果集；

Step 4：while$\left|POS_B^\alpha(D)\right| < \left|POS_C^\alpha(D)\right|$；

① 令a为集合 P 中首属性；

② $R=R\bigcup\{a\}$；

③ $P=P-\{a\}$；

Step 5：for $c\in R$

if $\left|POS_B^\alpha(D)\right| \geqslant \left|POS_C^\alpha(D)\right|$

$R=R-\{c\}$；

Step 6：输出 R，算法终止。

7.2 基于收益和风险优化的决策模型

在 7.1 节文重点对风险最小化的贝叶斯决策、决策粗糙集模型以及三支决策的正域约简算法等基础概念进行了阐述和分析，上述分析是建立在仅考虑风险要素自身属性和条件的基础上。但在实际的企业技术协同创新过程中，技术协同创新主体不仅需要考虑技术创新过程中存在的风险，更重要的还要考虑技术协同创新的综合收益以及在技术协同创新风险产生后的收益变化，从而选择最优化的风险决策行为。

本节主要是论述风险-收益的最优化决策问题，其相关定义如下：

定义 8：在 $S=(U,A=C\cup D,V,f)$ 中，$R\subseteq C$ 的风险定义函数表达式为：

$$COST_R=\sum_{P_i\in POS_{(\alpha,\beta)}(\pi_D|\pi_R)}(1-P_i)\lambda_{PN}+\sum_{P_j\in BND_{(\alpha,\beta)}(\pi_D|\pi_R)}(P_j\lambda_{BP}+(1-P_i)\lambda_{PN})+\sum_{P_k\in NED_{(\alpha,\beta)}(\pi_D|\pi_R)}P_K\lambda_{NP}$$

（7-18）

同理，风险决策规则的期望收益数学表达式为：

$$\begin{cases}E(a_i\,|[x])=\sum_{j=1}^{s}\delta(a_i\,|\omega_j)p'(\omega_j\,|[x])\\ E=\sum_{[x]}E(\tau(x))\,|[x]\,p'([x])\end{cases}\tag{7-19}$$

其中 $\delta(a_i\,|\omega_j)$ 表示风险状态 ω_j 下选择风险决策 a_i 时的收益。

定义 9：在 $S=(U,A=C\cup D,V,f)$ 中，$R\subseteq C$ 的期望收益函数表达式为：

$$GAIN_R=\sum_{P_i'\in POS_{(\alpha,\beta)}(\pi_D|\pi_R)}(1-P_i')\delta_{PN}+\sum_{P_j'\in BND_{(\alpha,\beta)}(\pi_D|\pi_R)}(P_j\delta_{BP}+(1-P_j')\delta_{PN})+\sum_{P_k'\in NED_{(\alpha,\beta)}(\pi_D|\pi_R)}P_K'\delta_{NP}$$

（7-20）

企业技术协同创新风险决策中需要同时考虑风险和收益两个方面的因素，因此，令 $p=p(D_{\max}([x]_R))$，根据风险最小化的贝叶斯决策理论，不同域风险决策规则的风险可表示为：

① $(1-P_i)\lambda_{PN}$ 表示正域规则风险；

② $(P_j\lambda_{BP}+(1-P_j)\lambda_{BN})$ 表示边界域规则风险；

③ $P_k\lambda_{NP}$表示负域规则风险；

同理，各域风险决策规则的收益可表示为：

① $(1-P_i)\delta_{PN}$表示正域规则收益；

② $(P_j\delta_{BP}+(1-P_j)\delta_{BN})$表示边界域规则收益；

③ $P_k\delta_{NP}$表示负域规则风险；

综合上述，对基于风险-收益的技术协同创新风险决策组合的推导，可将风险决策目组合划分为两类：一方面，在一定期望水平下，通过风险决策的优化组合使企业技术协同创新的风险最小；另一方面，在一定的风险状态下，通过风险决策的优化组合使企业技术协同创新的收益达到最大。由于本书研究的重点是企业协同创新风险的优化控制，因此选择风险最小的目标，并在此基础上构建了基于风险-收益组合的决策粗糙集模型。其简化模型如下所示：

目标函数：$\varphi(x)=\min R$；

约束条件函数：$\begin{cases} E\geqslant k \\ \sum p'_{x_i\in[x]}=1 \\ p'([x])\geqslant 0 \end{cases}$

7.3 基于收益和风险优化的属性约简

根据上述基于风险-收益的决策模型可以决策风险优化的属性约简进行定义，并提出相应的约简算法。

定义 10：在$S=(U,A=C\cup D,V,f)$中，$R\subseteq C$是基于风险-收益优化的属性，其约简的充分必要条件为：

① $R=\arg\min_{R\subseteq C}\{COST_R\}$，$GAIN_R\geqslant GAIN_C$；

② $\forall R'\subseteq R$，$COST_{R'}>COST_R$。

其中，①为充分条件，主要保证约简引入的风险处于最小水平，而②为必要条件，主要保证所得到的约简结果为最小约简结果。

定义 11：在 $S=(U,A=C\cup D,V,f)$ 中，$R\subseteq C$。b 在 R 中的风险-收益平衡组合函数表达式为：

$$b=\arg\min COST_{R\cup\{b\}}，\ GAIN_{R\cup\{b\}}\geqslant GAIN_R \tag{7-21}$$

基于风险-收益的属性约简目标是时间企业技术协同创新风险和收益的双重优化，在实际的企业技术协同创新过程中，协同创新主体和协同创新系统的管理者为了避免风险传递和扩散，无须在得到所有最小约简后进行风险决策，仅依据部分最小约简结果同样可以帮助管理者对风险进行化解、优化和控制。

基于风险-收益优化简约算法的具体描述如下：

输入：$S=(U,A=C\cup D,V,f)$，$A=C\bigcup D$；

输出：R 为 S 的基于风险-收益优化的约简集。

Step 1：计算初始属性集 R=∅，同时令待选子集 $G=C$；

Step 2：计算 R 的期望收益 $GAIN_R$ 和 C 的风险成本 $COST_C$；

Step 3：while G≠∅

①对每个属性 $bi\in\mathrm{G}$，计算 $COST_{R\cup\{b_i\}}$ 和 $GAIN_{R\cup\{b_i\}}$；

②确定 $b_i^*=\arg\min COST_{R\cup\{b_i\}}$ $GAIN_{R\cup\{b_i\}}\geqslant GAIN_R$ 为风险-收益组合较优的函数；

③更新 $R=R\bigcup\left\{b_i^*\right\}$，$G=G-\left\{b_i^*\right\}$ $G=G-\left\{b_i^*\right\}$；

④若 $COST_R<COST_C$，则跳转至 Step 4；

Step 4：输出最优属性集 R，算法终止。

7.4 算例分析

本书以简易风险决策表（见表 7-2）为例对基于风险-收益的决策粗糙集模型算法进行验证。根据苗夺魁（1999）提出的基于风险属性重要度的启发约简算法，可以计算出该决策表的正域 $POS(\pi_D|\pi_R)=\{u_1,u_3,u_4,u_7\}$，其风险属性约简结果为：$\{u_1,u_2,u_5\},\{u_2,u_3,u_5\},\{u_2,u_4,u_5\},\{u_2,u_5,u_6\}$，从上述可看出属性核为：$\{u_2,u_5\}$；根据陈昊（2012）属性核最小属性的约简算法可得出如下结果：

$\{u_2,u_4,u_5\},\{u_2,u_5\},\{u_4,u_5,u_6\}$，其属性核为$\{u_5\}$；根据贾秀义（2013）提出的基于风险最小化的属性约简算法可得到如下结果：$\{u_1,u_2,u_5\},\{u_2,u_3,u_5\}$，$\{u_2,u_4,u_5\},\{u_2,u_5,u_6\},\{u_4,u_5\}$，但是该约简结果不存在属性核。

表 7-2　简易决策表

Table 7-2　Simple decision table

U	C						D
	c_1	c_2	c_3	c_4	c_5	c_6	
u_1	1	1	1	1	1	1	d_1
u_2	1	1	1	0	0	1	d_1
u_3	0	0	1	1	1	0	d_2
u_4	1	0	1	0	1	1	d_2
u_5	0	0	1	1	0	1	d_2
u_6	1	1	1	0	0	1	d_3
u_7	0	1	0	1	0	0	d_3
u_8	1	1	1	0	0	1	d_3
u_9	0	0	1	1	0	1	d_3

对于表 7-2，设定风险和收益的代价函数值分别为：$\lambda_{PP}=0$，$\lambda_{BP}=1$，$\lambda_{NP}=3$，$\lambda_{NP}=6$，$\lambda_{BN}=3$，$\lambda_{NN}=0$，$\delta_{PP}=4$，$\delta_{BP}=1$，$\delta_{NP}=0$，$\delta_{PN}=0$，$\delta_{BN}=3$，$\delta_{NN}=8$，由此可计算出$\alpha=0.75$，$\beta=0.6$。根据前文所提到的约简原则，可计算出在期望收益一定的前提下风险最小的约简结果：$\{u_1,u_2,u_5\},\{u_2,u_3,u_5\},\{u_2,u_4,u_5\},\{u_2,u_5,u_6\},\{u_2,u_5\},\{u_2\}$，$\{u_2\}$为属性核。从而可以求得$COST_{\{C_2,C_5\}}=13$，$COST_{\{C_2\}}=12$，$COST_{\{C_5\}}=15$，$GAIN_{\{C_2,C_5\}}=18$，$GAIN_{\{C_2\}}=21$，$GAIN_{\{C_5\}}=16$。表 7-3 是几种常见的约简算法对简易决策表的约简结果比较。

表 7-3 常见的约简算法对简易决策表的约简结果比较

Table 7-3 Comparision of the reduction result of common reduction algorithms to simple decision tables

约简算法	约简结果	属性核
经典的粗糙集约简算法	$\{c_1, c_2, c_5\}$, $\{c_2, c_3, c_5\}$, $\{c_2, c_4, c_5\}$, $\{c_2, c_5, c_6\}$	$\{c_2, c_5\}$
基于属性核的最小属性约简算法	$\{c_2, c_4, c_5\}$, $\{c_4, c_5, c_6\}$, $\{c_2, c_5\}$,	$\{c_5\}$
风险最小化的属性约简算法	$\{c_1, c_2, c_5\}$, $\{c_2, c_3, c_5\}$, $\{c_2, c_4, c_5\}$, $\{c_2, c_4, c_6\}$, $\{c_2, c_5, c_6\}$, $\{c_4, c_6\}$	不存在
收益和风险优化的属性约简算法	$\{c_1, c_2, c_5\}$, $\{c_2, c_3, c_5\}$, $\{c_2, c_4, c_5\}$, $\{c_2, c_4, c_6\}$, $\{c_2, c_5, c_6\}$, $\{c_2, c_5\}$	$\{c_2\}$

从表 7-3 可知，在几种常见的属性约简算法中，能够成功获取属性核的算法包括经典的粗糙集约简算法、基于属性核的最小属性约简算法以及收益和风险优化的属性约简算法。综合表 7-4 的属性核的提取规则和置信度水平我们发现，经典的粗糙集约简算法和基于属性核的最小属性约简算法两种方法的置信度明显小于基于收益和风险优化的属性约简算法。综上所述，本书构建的基于风险和收益的决策模型和约简算法具有稳定性和可靠性，对企业技术协同创新风险优化控制决策的制定和选择有重要的应用价值。

表 7-4 属性核的提取规则与置信度

Table 7-4 Extraction rules and confidence of attribute cores

约简算法	规则	支持集	置信度
经典的粗糙集约简算法	$c_2=0$ *and* $c_5=1 \rightarrow d=d_2$	$\{u_3, u_4\}$	0.6667
	$c_2=1$ *and* $c_5=0 \rightarrow d=d_3$	$\{u_6, u_7, u_8\}$	0.75
基于属性核的最小属性约简算法	$c_5=1 \rightarrow d=d_2$	$\{u_3, u_4\}$	0.6667
	$c_5=0 \rightarrow d=d_3$	$\{u_6, u_7, u_8, u_9\}$	0.8
收益和风险优化的属性约简算法	$c_2=1 \rightarrow d=d_1$ *or* $d=d_3$	$\{u_1, u_2, u_6, u_7, u_8\}$	0.8333
	$c_2=0 \rightarrow d=d_2$	$\{u_3, u_4, u_5\}$	1

7.5 本章小结

本章依据决策粗糙集中各种决策所引发的风险和收益的变动情况，综合风险最小化的贝叶斯模型理论以及三支决策的正域约简理论构建了企业技术协同创新风险优化决策模型，并提出了相应的约简算法。

第 8 章　企业技术协同创新风险控制

本书研究的根本目是明确企业技术协同创新过程中的风险因素，进行针对性的预防和控制，因此，前述研究都是为本章风险控制策略提出奠定基础和提供依据，只有健全和完善企业技术协同创新的风险控制体系才能有效降低风险所造成的危害和影响。因此，本章在综合关键风险指标体系、风险因素影响关系以及风险测评结果的基础上，提出适用于企业技术协同创新活动的风险控制策略。

8.1 企业技术协同创新风险宏观控制策略

企业技术协同创新风险控制目标主要包括两个层面：

第一，对协同创新主体协同创新能力和资源持续供应能力的风险控制，换句话说，即技术协同各创新主体能否严格遵循技术协同创新的总体目标和预期规划，对技术协同创新活动所需的人力、财力、物力等资源的调配，技术协同创新组织的管理与运行以及技术协同创新系统风险的防范与控制等进行统一规划和执行。

第二，企业技术协同创新风险项目的风险控制。即对企业技术协同创新过程中的各风险因素进行甄别、评价，建立科学合理的技术协同创新风险动态监测和风险控制机制。具体而言，企业技术协同创新风险宏观控制策略包括风险回避、风险转移、风险分担以及风险承受四个方面。

8.1.1 风险回避

风险回避是指考虑到影响预定目标达成的诸多风险因素，结合决策者自身的风险偏好性和风险承受能力，从而做出的中止、放弃某种决策方案或调整、改变某种决策方案的风险处理方式。风险回避的前提在于企业能够对企业自身条件和外部形势、客观存在的风险属性和大小有准确的认识。相对于其他风险处理方式而言，风险回避的优点体现在如下两个方面：第一，风险回避方式在风险产生之前将其化解于无形，大大降低了风险发生的概率，有效避免了可能遭受的风险损失。第二，节省了企业的资源，减少了不必要的浪费，使得企业得以有的放矢，在市场竞争中有所为有所不为。但风险回避也存在一定的缺陷，其不足之处在于：首先，企业生产经营活动的最终目的是获得价值或利益的最大化，而风险与收益和机会常常相伴而生。回避风险的同时在很大程度上意味着企业放弃了获得收益的机会。其次，因为风险无时不在、无处不在，绝对的风险回避不大可能实现。另外，风险回避必须建立在准确的风险识别基础上，又因为企业判断能力的局限性，对风险的认知度是存在偏差的，因此，风险回避并非总是有效的。久而久之，风险回避可能助长企业的消极风险防范心理，使企业过度规避风险而丧失驾驭风险的能力，生存能力也随之降低。在以上分析的基础上，风险回避是否是最佳的风险处理方式要依具体情况而定。严格意义上的风险回避可以分为积极的风险回避和消极的风险回避，二者有其相同点，也有其不同之处。其相同之处在于两者都认为企业自身的实力不足以承受可能遭受的风险损失，希望能够尽可能地在风险发生之前减少其发生的可能性。但积极风险回避和消极风险回避对风险认知的能动性不同，对于每一个风险决策者，其心目中都有一个决策方案的评价标准，进而产生不同的风险预期。从风险的偏好性来说，积极的风险回避者和消极的风险回避者同属于风险厌恶者，但两者对于风险认知的能动性是不同的。

根据心理学的解释，个性是一个人不同于他人的那些个人属性或日常行为特征的总和。个性因素由主体的过去经验、天生能力以及受外部环境因素交叉影响所产生的综合结果。消极的风险回避者更惧怕风险。风险承受能力和应对突然事件的能力也较差，因此，消极的风险回避者不会去主动识别风险。更谈不上应对风险、接受挑战。积极的风险回避者并不会一味地回避风险从而丧失获得商业谋取利润的机会。

企业技术创新风险的回避指在技术协同创新项目的选择、实施以及推广的过程中要坚持风险最小化原则，尽量选择低风险的实施策略，具体体现在两个层面：第一，项目选择性风险回避。对于各协同创新主体而言，要尽量在创新资源、科研水平的允许范围内，选择市场应用前景较好的技术领域，尽量避免选择具有高风险或超高风险的技术创新项目。第二，项目实施性风险回避，即当技术协同创新项目确定的情况下，企业技术协同创新活动的实施过程要严格遵循前期制定的实施战略和规划，在企业技术协同创新活动未偏离既定预期目标的前提下，尽量避免中途改变协同创新规划或调整协同创新战略，从而能够有效地降低企业技术协同创新活动风险发生的概率。

8.1.2 风险转移

企业技术协同创新风险转移一般包括两种形式：第一，企业技术协同创新风险项目的转移。由于技术协同创新在项目选择初期的估计不足或错误等原因，导致技术协同创新项目活动在实施过程中发现其所参与创新主体的资源供应或科研能力无法满足或实现企业技术协同创新项目的预期目标，在上述情况下，协同创新主体可选择将该项目对政府或其他具备继续进行技术创新能力的协同创新平台转移，以规避可能造成的风险损失。第二，企业技术协同创新风险的财务转移。为了避免由于企业技术协同创新活动资金链断裂或由于技术协同创新风险对技术协同创新活动造成重大的经济损失，企业技术协同创新参与主体可以采取吸纳风投和民间资本的方式充实企业技术协同创新的资金，同时为企业技术协同创新项目选择信誉度较高的保险公司或担保机构为本项目进行投保或担保，以此来降低由于技术协同创新风险所造成的经济损失。

8.1.3 风险分担

党的十八大报告指出，科技创新是提高社会生产力和综合国力的战略支撑，必须摆在国家发展全局的核心位置。产业革命的实践证明，科技创新及其大规模应用需要大量资金支撑，但科技创新因风险较高往往难以获得资金支持。我国能否有效破解这一难题，关系实施创新驱动战略、增强经济发展后劲大局。发达国家的经验表明，建立科技创新融资多元化风险补偿机制，能有效缓解科技创新融资约束。科技创新融资的多元化风险补偿机制，是指各级政府为完善科技创新融资环境、促进科技创新及其应用，鼓励金融机构开发适合科技创新的融资工具，并根据科技创新企业的风险特点，有针对性地制定融资风险补偿政策。具体来说，这一机制包括以下内容：首先，多元化贷款风险补偿机制。对于科技型企业贷款风险的补偿，国内大多采用政府贴息、建立风险补偿基金和对科技担保机构进行政策扶持等方式。从国际经验来看，专门的政策性金融机构是分散科技创新融资风险的重要主体。如韩国开发银行为企业进行新产品、新工艺开发以及新技术商业化等提供长期、低息贷款，中小企业银行则为中小企业提供专项贷款。此外，许多国家鼓励专业金融机构针对科技型企业的风险特点进行金融创新，如科技银行在给高科技企业贷款的同时，通过要求企业提供相应的股票期权或采用知识产权担保等进行风险补偿，政府则通过建立知识产权鉴别和定价制度，为知识产权担保融资提供保障。其次，风险投资补偿机制。风险投资是处于初创期高科技企业的重要融资渠道，对缓解高科技企业融资约束、改善经营管理具有重要作用。因此，应采取多种优惠政策鼓励风险投资发展。政府可以出台税收优惠政策，降低风险投资的税收负担；对风险投资机构的融资提供担保，拓展风险投资资金来源；对风险投资机构的投资亏损进行补偿，降低风险投资风险。通过鼓励金融工具创新实现风险共担、收益共享，降低投资风险。最后，保险补偿机制。科技保险能降低科技创新及其产业化风险，对科技创新和产业化具有重要推动作用。但从我国一些地区的试点情况看，由于风险分担机制不合理，科技保险存在政策落实难、企业参保率低等突出问题。充分发挥科技保险的作用，应建立政府、企业、保险公司之间合理的风险分担机制；强化信息公开，缓解参保企业和保险公司之间的信息不对称；推动科技保险与其他融资渠道融合发展。企业在科技创新过程中，为了维护知识产权，往往会发生较高的诉讼费用。建立知识产权保险制度，可以对权利人维权费用和遭到的侵权损害进行补偿。但知识产权保险的保费率相对较高，而被保险人大多是中小企业，对此，可通过政府补贴建立合理的费用分担机制，以此来推动保险与其他融资渠道融合发展。发达国家的经验表明，保险与科技创新的其他融资渠道深入合作、紧密配合、形成合力，对科技创新融资风险进行多元化补偿，是充分发挥保险风险补偿作用的重要途径。

企业技术协同创新主体包括政府、企业、高校和科研机构三大主体，各主体均需对企业技术协同创新活动承担部分风险。一般而言，企业技术协同创新的风险分担模式包括三种分担形式：第一，单边风险分担模式。指的是由技术协同创新主体中的某一个主体对创新风险进行完全承担，由于该模式的风险较大，因此，此种模式的实际应用较少。第二，均衡风险分担模式。即技术协同创新主体平均分担技术协同创新过程中可能存在的风险或可能造成的风险损失。但是，由于协同创新主体间信息的不对称以及由于部分协同创新主体依靠技术优势进行风险的转嫁等原因导致该模式对企业技术协同创新风险要素的控制成本较高，存在较大的应用局限性。第三，基准分担模式。即按照参与度、资源投入比例、贡献度计算权重比例，并以此为依据分担协同创新风险的方法。在该模式下，企业技术协同创新风险要素全部能够得到有效的控制，因此，在实际的企业技术协同创新活动中通常采取此模式进行协同创新风险的分担。

8.1.4 风险承担

风险承担也称风险自留，是指企业自己非理性或理性地主动承担风险，即指一个企业以其内部的资源来弥补损失。在企业技术协同创新过程中，当企业在无法有效回避、转移或分担风险的情况下，企业可通过以下途径进行风险承受，具体体现在四个方面：首先，将损失摊入经营成本。风险发生后，企业只是简单地承受这种损失，将损失计入当期损益，摊入经营成本，这种方法能最大限度地减少管理细节。企业可能被迫在不利的情况下变卖资产，以便获得现金来补偿损失。此外，企业的损益状况也有可能发生剧烈波动。显然这种方法只适用于那些损失概率高但是损失程度较小的协同创新风险，企业可以通过风险识别将这些风险损失直接打进预算。其次，建立意外损失基金。意外损失基金的建立可以采取一次性转移一笔资金的方式，也可以采取定期注入资金长期积累的方式。企业愿意提取意外损失基金的额度，取决于其现有的变现准备金的多少，以及它的机会成本。企业每年能负担多少意外损失基金，则取决于其年现金流的情况。建立意外损失基金的方法能够积聚较多的资金储备，因而能自留更多的风险。最后，借入资金。由于风险的突发性和损失的不确定性，企业也可以在风险事故发生前，与银行达成一项应急贷款协议，一旦在技术协同创新过程中发生风险，企业可以获得及时的贷款应急，并按协议约定条件还款。

8.2 基于创新流程的企业技术协同创新风险控制

企业技术协同创新活动一般可分为技术协同创新形成阶段、合作阶段以及发展阶段等三个环节，每个环节都会面临不同的风险，需要采取不同的风险控制策略，具体体现在以下几个方面。

8.2.1 企业技术协同创新形成阶段的风险控制

企业技术协同创新活动的形成阶段的风险主要体现在协作主体的选择风险、技术协同创新项目的选择风险以及技术协同创新项目实施的规划风险三个方面。首先，协同创新主体的选择是企业技术协同创新有效风险控制的源头，无论是高校主导、科研机构主导还是企业主导的技术协同创新项目都必须对对方的科研水平、经营状况以及信誉度等多方面进行综合的考察和评估，并在协同创新主体——政府的约束和规范下签订具有法律效力的契约。其次，技术协同创新项目风险选择的风险。技术协同创新项目选择需要同时满足符合政府的政策导向、在高校和科研机构的科研能力水平可达成的范围内以及能够满足企业生产和制造的技术需求等三个方面的条件，但是，企业技术协同创新的参与主体必然都希望自身的利益最大化，因此，企业技术协同创新项目选择过程也是各协同创新主体博弈的过程，而最终的结果必然是各方的利益分配达到相对均衡的状态。最后，企业技术协同创新项目规划的风险。在确定技术协同创新项目后各参与主体需要对该项目进行充分的前提论证和分析，对该技术协同创新项目可能达到的最高预期目标和最低目标进行预测。

8.2.2 企业技术协同创新合作阶段的风险控制

企业技术协同创新合作阶段的风险控制主要包括管理风险的控制、财务风险的控制、道德风险的控制以及技术风险的控制四个方面。

（1）技术协同创新管理风险的控制。健全的技术协同创新组织管理机构能够有效地提高企业技术协同创新系统的管理水平，能够有效降低由于管理风险而造成企业技术协同创新活动风险损失的概率。对于技术协同创新管理风险的控制要从两个层面着手：一方面，在技术协同创新的组织结构上，应由各协同创新主体抽调本单位人员组成技术协同创新管理决策层，在人员的结构层次、学历层次以及专业技术层次等方面进行合理的配置；另一方面，在技术协同创新系统的管理机制方面，要坚持独立和协同兼顾的原则，既要保证各参与主体在技术协同创新活动中的相对独立地位，同时又能够有效地协调各协同创新主体之间的关系，从而充分发挥各协同创新主体的相对优势，最终推动企业技术协同创新活动的顺利实施和进行。

（2）技术风险控制。创新即探索未知或待开发的领域，因此，企业技术协同创新本身就是利益和风险的结合体。在企业技术协同创新的过程中，理论的创新和技术的突破是企业技术协同创新项目成败的关键因素，因此，技术风险的控制对于企业技术协同创新活动的重要性不言而喻。对于技术风险的控制需要注意两个方面的问题：一方面，技术协同创新主体要不断提高其科研能力和技术协同研发能力，通过制定相应的激励和奖励机制吸引高水平人才加入创新团队，同时也能够有效地预防企业技术协同创新核心研发人才的流失；另一方面，要加强对类似技术研发信息的收集，要密切关注市场的需求、动态变化以及竞争对手的相似技术项目的研发进度，从而有效地提高企业技术协同创新成果的先进性、应用性和收益性。

（3）财务风险的控制。企业技术协同创新过程中面临的最大风险威胁来自于创新资金的资金链的稳定程度。企业技术协同创新的财务风险贯穿于技术协同创新活动的全过程，而且会随着技术协同创新阶段的发展而不断地发展变化。总体而言，对于技术协同创新财务风险的控制需要从三个方面展开：第一，不断拓宽企业技术协同创新的融资渠道。除政府的技术创新补贴、企业的自有资金以外，还需要通过银行贷款、吸纳风险投资或招募民间资本等形式维持企业技术协同创新资金链的稳定。第二，建立准备金制度。为了有效预防企业技术协同创新过程中可能出现的突发风险或紧急情况，企业技术协同创新系统需要预留部分活动资金以备用。第三，完善技术协同创新财务运行制度。要将主要资金用于企业技术协同创新的研发活动，要将管理成本和运作成本控制在一定的阈限内，同时还要严格控制创新资金滥用、冒用以及挪用等违规行为的发生。

（4）道德风险的控制。技术协同创新主体间原本是各自独立的实体组织，各主体之间必然存在着多方面的差异，体现得最为明显的就是各协同创新主体间信息的不对称，这在无形之中提高了企业技术协同创新活动的道德风险。因此，为了增强企业技术协同创新主体之间的信任程度，同时降低道德风险发生的概率，技术协同创新主体需要在加强对企业技术协同创新主体和参与创新人员的行为监督外，还需要制定相应的制度约束企业技术协同创新行为主体的不道德行为，提高技术协同创新主体不道德行为的成本（包括经济成本、名誉成本等）。

8.2.3 企业技术协同创新发展阶段的风险控制

企业技术协同创新发展阶段的风险主要包括技术协同创新成果的转化、应用、知识产权归属以及成果利益分配等多方面的风险，具体体现在：

（1）技术协同创新成果的转化和应用风险控制。企业技术协同创新的最终目标是通过技术协同创新成果的转化和应用实现企业利润的最大化，因此，技术协同创新成果能否顺利转化和应用是企业技术创新价值的直接体现。一方面，要不断完善技术协同创新成果转化和跟踪反馈机制。通过多渠道成果转化的方式不断降低企业技术协同创新成果的转化效率和效果，科学合理地制定技术协同创新成果的转化流程和步骤，并定期检查其转化效果。同时，还要建立完善的成果追踪反馈机制，根据市场信息反馈结果进一步优化和完善技术协同创新成果，要保证企业技术协同创新成果在领域内或行业内的相对领先地位。另一方面，加强对市场信息的挖掘和分析，降低市场风险发生的概率。企业技术协同创新项目的选择必须要以实际的市场需求和应用为出发点和落脚点，因此，对于市场需求信息的搜集和分析就显得尤为重要。在企业技术协同创新的全过程中，要始终关注市场需求的动态变化，明确市场需求变动中所蕴含的机遇和威胁，从而用最短的时间制定市场风险应对策略，最终提高企业技术协同创新项目的成功率和收益率。

（2）知识产权风险控制。知识产权风险主要包括知识产权归属风险和知识产权的泄密风险两个方面。一方面，企业技术协同创新主体在合作初期就应该明确界定技术协同创新成果的知识产权分配归属，同时以契约或合同的形式明确规定，以避免由于知识产权归属纠纷而造成的企业技术协同创新活动的失败；另一方面，对于知识产权的泄密风险需要不断提高企业技术协同创新内部管理水平，不断提高技术协同创新参与人员的组织忠诚度和保密意识。

（3）技术协同创新收益分配风险控制。一般情况下，协同创新的利益分配由投入成本、参与程度以及贡献大小三方面共同决定。但是，在企业技术协同创新的过程中，投入的成本不仅包括经济成本，同时还包括设备成本、人力成本以及时间成本等，而上述成本是无法量化进行比较和衡量的。同理，技术协同创新主体的参与程度和贡献程度也很难通过量化指标进行比较，因此，在企业技术协同创新成果收益的分配过程中各协同创新主体间很可能会由此产生利益分配失衡的冲突，从而阻碍企业技术协同创新成果的转化和应用的进展。因此，企业技术协同创新在形成就需要对利益分配问题达成初步意向，并根据后期的投入成本和实际参与情况变动进行动态调整，从而实现企业技术协同创新成果收益分配风险的最小化[138]。

8.3 基于创新主体的企业技术协同创新风险控制

由于企业技术协同创新所面临的内外部环境具有复杂性和不确定性，加之企业技术协同创新主体风险管理能力有限，从而易导致企业技术协同创新目标无法实现，因此，技术协同创新主体要不断增强其风险管理和调控应对能力。基于技术协同创新流程的协同风险控制是从微观角度对企业技术协同创新的风险因素控制进行了针对性的研究，而基于创新主体维度的技术协同创新风险控制则是从宏观角度对企业技术协同创新风险进行规避，具体体现在政府、企业、高校和科研机构三个层面。

8.3.1 政府层面的企业技术协同创新风险控制

从政府角度出发，技术协同创新风险控制目标是实现经济效益和社会效益的协同发展，而不是单纯追求经济利益的最大化，因此，政府层面的技术协同创新风险控制机制主要体现在三个方面：

首先，鼓励技术协同创新模式多样化和多元化发展。国家应通过协同创新政策、法律法规等形式鼓励和引导技术协同创新活动的开展，逐步构建以国家和市场需求为导向，以基础理论研究—技术应用研究—技术协同成果转化的良性技术协同创新循环模式。此外，政府必要时可以行政强制力量整合相关企业、高校和科研机构对相关产业的核心技术进行集体攻关，提高技术协同创新研究的成功率。

其次，逐步健全和完善我国与协同创新和技术协同创新相关的法律法规体系，为企业技术协同创新风险的预防和控制提供坚实的法律依据。例如：虽然我国颁布了《中华人民共和国专利法》《高等学校知识产权保护管理规定》等一系列法律文件，对职务发明有比较详细的界定，但是对于以个人名义与企业和非营利机构进行合作的知识产权归属尚未有明确的规定，也因此带来不必要的纠纷。因此，政府在知识产权保护、原始权的归属等方面应建立相应的管理机构，制定相应的法律法规，组织协调大学和产业之间的知识产权领域的良性循环关系。同时，各级政府和相关部门要重视本地区的技术协同创新项目的引进，对技术协同创新过程中的冲突和纠纷提供法律和政策的援助和科学解读。

最后，加大对科技服务中介结构和组织的支持力度，逐步推动其向专业化和规范化方向发展，重点发展专业研发服务型组织。同时，要加强对知识产权的保护力度，不断拓展技术知识产权服务的市场，逐步提高科技服务中介组织的服务能力和水平。

8.3.2 企业层面的企业技术协同创新风险控制

对企业而言，其组织或参与技术协同创新活动的动力来源是满足市场需求和追求经济利益的最大化，而企业也是技术协同创新资金的主要来源，因此，企业在技术协同创新活动中需承担更多的风险和责任。从企业角度出发对技术协同创新风险进行有效的控制具体体现在三个方面：

首先，加快建立现代企业风险管理制度。企业发展不能循规蹈矩，要逐步建立基于协同创新驱动的全新发展模式，强化企业在技术协同创新中的主体地位，促进企业技术协同创新的内在动力机制的形成。同时企业还要吸收和借鉴国外发达和先进地区技术协同创新模式的成功经验，积极转变企业风险管理理念和管理方式，不断提高技术协同创新风险的管理能力和水平。其次，不断提高技术的自主创新能力和协同创新能力，将企业部分利润投入企业技术的研发环节，重视企业核心研发人才培养，增强企业在技术协同创新过程中的技术话语权。最后，技术协同创新的制度化。企业要以技术协同创新活动为契机，不断加强企业与高校、企业与政府以及企业与企业之间的技术协同创新合作，并将其逐渐规范化和制度化，以此来不断提高技术协同创新主体之间的信任程度和技术协同创新能力，从而能够有效地降低企业技术协同创新风险发生概率以及技术协同创新的成本。

8.3.3 高校层面的企业技术协同创新风险控制

高校在企业技术协同创新过程中由于组织体制和文化的差异难免会产生隔阂，进而引发技术协同创新风险的爆发，为了有效地降低和控制企业技术协同创新风险发生的概率，高校需要从培育协同创新的组织文化和不断提高高校的角色影响力量方面着手，具体体现在：

（1）协同创新文化的培育。创新文化对于高校和企业两者的紧密结合十分重要。高校和企业双方都可能会对彼此产生质疑或怀疑的态度，高校可能认为与企业合作会影响高校科学研究的初衷，偏离研究的方向；而企业也可能会质疑高校的科研成果是否能够应用于实践或者高校是否能研发企业需要的技术成果，等等。那么，如何解决这些问题呢？那就要建立创业型高校，鼓励高校师生的创业行为。在高校内营造良好的创业和协同创新文化，开设创业类课程，积极引导学生的创新思考。与此同时，企业也要尽可能地为高校师生提供实践的平台，与高校合作进行有针对性的科研项目的开发。在创业型高校建设方面比较成功的典型是巴西，在这里，高校创业活动成为高校教学使命的组成部分，创业和协同创新文化已经渗透到人文和理工科各个学科，而且，巴西的高校创业活动正通过企业和高校的合作逐渐扩展到社会以及其他社会阶层之中。

（2）提高高校的角色影响力。三螺旋协同创新理论指出：以政府-企业-高校为主体的三条主螺旋线之间相互独立且相互作用，协同创新的每个阶段都有一个或者多个主导的螺旋线在起作用，但是在我国技术协同创新的过程中，高校这条螺旋线的作用却不是特别突出，某些情况下甚至没有发挥其应有的作用和功能。高校处于弱势群体的地位，其话语权和决策权相对较低，这对于企业技术协同创新项目风险的有效控制、预防以及技术协同创新项目的实现存在严重的阻碍作用。因此，要不断提高我国高校在技术协同创新过程中的角色影响力。高校由于其自由空间和自主程度比较高，相对于易受行业波动影响的企业以及受等级和官僚体制约束的政府而言，其创新环境最佳，同时高校又是一个相对比较稳定的组织，对于需要长期研发的课题和技术也能持续进行，因此，高校角色和作用的增强不仅可以使高校-企业-政府之间的协同关系更加密切，而且还能有效地降低企业技术协同创新风险发生的概率，此外，还能为地区和国家的发展提供源源不断的智力支持和技术支持，从而有效地推动地区和国家的发展与繁荣。

8.4 本章小结

本章从技术协同创新风险回避、风险转移、风险分担以及风险承受四个方面提出企业技术协同创新风险宏观控制策略；从技术协同创新流程和创新主体的双重维度提出企业技术协同创新风险微观控制策略。

结　论

企业技术协同创新过程中由于各协同创新主体间管理体制、组织文化以及战略目标等方面的差异性，不可避免地会出现各方面的矛盾和冲突，从而影响技术协同创新的效率和效果。我国目前的技术协同创新活动主要存各创新主体间信用机制不健全、技术协同创新资金渠道不畅通、利益分配机制不完善、风险分担不合理、技术协同创新成果的知识产权纠纷以及技术协同政策的执行乏力等多方面的问题。本书通过全息等级建模和因子分析法构建企业技术协同创新的关键风险评价指标体系，并根据收集数据和风险评价结果，以可拓物元模型为理论基础对企业技术协同创新风险进行测评并进行实证分析。并在前述研究的基础上结合企业技术协同创新过程以及风险因素的动态性，分别针对企业技术协同创新项目选择风险和项目实施风险构建风险决策模型，从而实现提高企业技术协同创新风险决策的科学性，降低企业技术协同创新风险发生的概率以及可能造成的损失，最终保证企业技术协同创新项目的顺利实施的目标。

得出的结论如下：

第一，对企业技术协同创新风险的概念进行了重新界定。企业技术协同创新风险指以企业为主导的包括政府和高校科研机构在内的三螺旋创新主体在技术协同创新过程中，由于技术协同创新系统内外部环境因素、技术创新项目难度或协同创新主体成员的技术创新能力等条件的限制，最终导致技术协同创新活动暂停、撤销或失败的各种不确定和潜在风险因素的总和。对企业技术协同创新风险概念的界定不仅可以明确技术协同创新系统的内涵和外延，而且可

参 考 文 献

[1] Schumpeter J A.The Theory of Economic Development[M]. Cambridge，Massachusetts：Harvard University Press，1934.

[2] Mansfield R. Petroleum Progress and Profits：A History of Process Innovationby John L. Enos[J]. Journal of Political Economy，1963，71（2）：193.

[3] 经济学动态编辑部.当代外国著名经济学家[M].北京：中国社会科学出版社，1984.

[4] 傅家骥.技术创新经济学[M].北京：清华大学出版社，2000.

[5] Christopher Freeman.The Economics of Industrial Innovation [M].London，New York：Frances Printer Publishers，1982.

[6] 周扬.国有钢铁企业科技创新团队激励模式研究[D]. 武汉：武汉科技大学，2013：15-17.

[7] Lessnoff M. Capitalism，Socialism and Democracy[J].Political Studies，2010，27（4）：594-602.

[8] Abernathy W J，Utterback J M. Patterns of Industrial Innovation[J]. Technology Review，1978（8）：80.

[9] Maidique M A . Entrepreneurs，Champions，and Technological Innovation[J]. IEEE Engineering Management Review，1984，12（1）：24-40.

[10] 吉福德·平肖.创新者与企业革命[M].丁康之，丁伟之，译.北京：中国展望出版社，1986.

[11] Robert Solow.Technical Change and the Aggregate Production Function [J]. The Review of Economics and Statistics，1957（8）：312-320.

[12] Paul M Romer. Increasing Returns and Long-Run Growth [J].The Journal of Political Economy，1986（10）：1002-1037.

[13] Mansfield.Technical Change and the Rate of Imitation [J].Econometrica，1961（29）：741-766.

[14] Kamien M I ，Oren S S . Optimal licensing of cost-reducing innovation[J]. Journal of Mathematical Economics，1992，21（5）：483－508.

[15] Nelson R R，Winter S G . An Evolutionary Theory of Economic Change[J]. Administrative ence Quarterly，1982，32（2）：652-654.

[16] Anderson，Tushman. Technological Discontinuities and Dominant Designs：A Cyclical Model of Technological Change [J].Administrative Science，1990（12）：35-43.

[17] Myers S，Sweezy E E . Why Innovations Fail[J]. Technology review，1978，80（5）：41-46.

[18] Freeman，Christopher. Economics of Industrial Innovation[J]. Social Science Electronic Publishing，1983，7（2）：215-219.

[19] Katsanis L P，Pitta D. Managing The Risk Aspects of The Product Development Process at The Upjohn Company[J]. Journal of Product & Brand Management，2006，15（4）：250-254.

[20] Mueser P. A Note on Simultaneous Equations Models of Migration and Employment Growth[J]. Southern Economic Journal，1985，52（2）：516-522.

[21] Bin Wang，Xiufang Wang, Jianzhong Wang. Construction and Empirical Analysis of Agricultural Science and Technology Enterprises Investment Risk Evaluation Index System [J]. IERI Procedia，2012（2）：35-46.

[22] Jianli Luo，Zhenhua Hu. Risk Paradigm and Risk Evaluation of Farmer's Cooperatives' Technology Innovation [J]. Economic Modelling，2014（10）：117-125.

[23] Velten T. Managing Business Portfolios in German Companies[J]. Long

Range Planning，1998，31（6）：879-885.

[24] Heinrich H W. Industrial Accident Prevention：a Scientific Approach[J]. Industrial & Labor Relations Review，2011，4（4）：609.

[25] Cooper R G. TheImpact of Product Innovativeness on Performance [J]. The Journal of Product Innovation Management，1991（8）：240-251.

[26] Sommer. Factors Contributing to the Successful Implementation of Technology Innovations [J]. Educational Technology & Society，2004（4）：73.

[27] Botosan C A ，Plumlee M A . Assessing Alternative Proxies for the Expected Risk Premium[J]. Accounting Review，2005（8）：21-53.

[28] Saxberg B O，Slocum J W . The Management of Scientific Manpower：Management Science[J]. Journal of Science Policy & Research Management，1988（14）：473-489.

[29] Frambach R T，Schillewaert N. Organizational Innovation Adoption：a Multi-Level Framework of Determinants and Opportunities for Future Research[J]. Journal of Business Research，2002，55（2）：163-176.

[30] Chiesa V. Managing the internationalization of R&D activities[J]. IEEE Transactions on Engineering Management，1996，43（1）：7-23.

[31] Dougherty D . Interpretive Barriers to Successful Product Innovation in Large Firms[J]. Organization Science，1992，3（2）：179-202.

[32] Miller D，Friesen P H.Innovation in Conservative and Entrepreneurial Firms：Two Models of Strategic Momentum[J].Strategic Management Journal，1982（3）：125.

[33] Dyer. Synergies between Information Technology and Managerial and Organizational Cognition：the Role of Knowledge Management[J]. Technovation，2003，19（4）：219-231.

[34] Myerson，Hamilton.Technology，Management and Systems of Innovation Management [J].Intemational Journal of Innovation Management，2005，4（1）：33-49.

[35] Tushman M L. The Ambidextrous Organizations: Managing Evolutionary and Revolutionary Change[J]. California Management Review, 1996, 38(4): 8-30.

[36] Rompaey A V, Krasa J , Dostal T. Modelling sediment supply to rivers and reservoirs in Eastern Europe during and after the collectivisation period[J]. Hydrobiologia, 2003, 494 (1-3) : 169-176.

[37] Brown S, Morrison A M . Expanding Volunteer Vacation Participation An Exploratory Study on the Mini-Mission Concept[J]. Tourism Recreation Research, 2003, 28 (3) : 73-82.

[38] Anne, Marcovich, Terry, et al. From the Triple Helix to a Quadruple Helix? The Case of Dip-Pen Nanolithography[J]. Minerva, 2011, 49 (2) : 175-190.

[39] Lee C C, Tsai F S, Lian C L. Parent Control Mechanisms, Knowledge Attributes, Knowledge Acquisition and Performance of Ijvs in Taiwan Service Industries[J]. Service Industries Journal, 2011, 31 (13) : 2437-2453.

[40] Richard M, Paul S. Creating Effective University Industry Alliances: An Organizational Learning Perspective [J]. Organizational Dynamics, 1997 (3) : 8.

[41] Chen C J. The effects of environment and partner characteristics on the choice of alliance forms[J]. International Journal of Project Management, 2003 (21) : 115-124.

[42] Harrigan K. Strategic Alliances and Partner Asymmetries[J]. Management International Review, 1988, 28 (2) : 53-72.

[43] Gupta A K, Souder W E. Factors Affecting the Process of Collaborative Product Development[J]. Research Technology Management, 1998, 41 (4) : 38-44.

[44] Marxt C , Staufer A, Bichsel A . Innovationskooperationen[J]. Management, 1998, 5 (4) : 55-59.

[45] 杨建君，李垣. 企业技术创新主体间的激励关系研究[J]. 科研管理，2004，25（3）：13-18.

[46] 刘晓敏，李垣，史会斌. 治理机制对企业技术创新的影响路径研究[J]. 科学学研究, 2005，23（5）：697-702.
[47] 谢凤华，姚先国，古家军. 高层管理团队异质性与企业技术创新绩效关系的实证研究[J]. 科研管理，2008，29（6）：65-73.
[48] 徐亮，张宗益，龙勇. 竞合战略与技术创新绩效的实证研究[J]. 科研管理，2009，30（1）：87-96.
[49] 钟和平，张旭梅，方润生. 企业的冗余程度与基于冗余的技术创新激励合约[J]. 管理工程学报，2009，23（1）：41-46.
[50] 刘铭，姚岳. 企业技术创新绩效评价指标体系研究[J]. 甘肃社会科学，2014（4）：233-236.
[51] 尹继东，魏欣.技术创新与企业核心竞争力[J].南昌大学学报（人文社会科学版），2004（2）：81-84.
[52] 李寒蕾，杨力刚. 技术创新与企业核心竞争力的关联性初探[J].生产力研究，2009（16）：147-149.
[53] 封伟毅，李建华，赵树宽. 技术创新对高技术产业竞争力的影响——基于中国 1995—2010 年数据的实证分析[J]. 中国软科学，2012（9）：154-164.
[54] 谢言，高山行. 原始性技术创新的产生及结果——企业家导向，原始性技术创新与企业竞争力关系的研究[J]. 科学学与科学技术管理，2013，34（5）：116-125.
[55] 张可，高庆昆. 基于突破性技术创新的企业核心竞争力构建研究[J]. 管理世界，2013（6）：180-181.
[56] 张文绢，叶永玲，徐建超.浅论技术创新对企业核心竞争力形成的影响[J]. 企业研究，2013（14）：26-27.
[57] 雷磊，王玺. 科技型企业技术创新和企业竞争力的关系研究[J]. 学术论坛，2014，37（8）：85-88.
[58] 秦汉峰. 技术创新与制度创新互动关系理论的比较[J]. 经济科学，1999，21（5）：39-45..
[59] 王大洲，关士续. 企业技术创新与制度创新的互动机制研究[J]. 自然辩证法通讯，2001，23（1）：38-47.

[60] 徐英吉，徐向艺.技术创新和制度创新的组合对企业持续成长的影响——基于熵理论和耗散结构理论的视角[J].财经科学，2007（9）：82-89.
[61] 蔡乌赶. 技术创新、制度创新和产业系统的协同演化机理及实证研究[J].天津大学学报（社会科学版），2012（5）：401-406.
[62] 吴涛.技术创新风险的分类研究及矩阵分析方法[J].科研管理，1999，20（2）：41-46.
[63] 周寄中，薛刚.技术创新风险管理的分类与识别[J].科学学研究，2002，20（2）：221-224.
[64] 王攀，薛艳.中小制造企业技术创新风险因素分析[J].商业经济，2013（12）：38-40.
[65] 高昕欣，叶惠，康永博.基于风险矩阵的企业技术创新风险管理研究[J].科技管理研究，2014（16）：8-17.
[66] 黄继鸿，柯孔林.基于集值统计的技术创新风险度量及其预警[J].科学学研究，2005，23（2）：273-276.
[67] 陈建新，资明贵，刘志龙.BP 神经网络在企业技术创新风险评价中的应用[J].科技管理研究，2007，27（10）：88-91.
[68] 汪新凡.基于联系数的企业技术创新风险评价模型及应用[J].技术与创新管理，2007，28（2）：97-102.
[69] 包国宪，任世科.基于模糊 AHP 的企业技术创新风险评价及决策[J].科技管理研究，2010（1）：64-66.
[70] 宋哲，王树恩. ANP-GRAP 集成方法在企业技术创新风险评价中的应用[J].科学学与科学技术管理，2010（1）：55-58.
[71] 尹晓菲，杨昱梅.基于改进遗传算法的技术创新风险评价研究[J].煤炭技术，2012（7）：256-258.
[72] 马有才，宋传文.企业技术创新及其风险控制[J].山东科技大学学报（社会科学版），2000（3）：45-47.
[73] 陈红川.高新技术企业技术创新风险管理策略研究[J].科技管理研究，2008，28（8）：200-202.
[74] 马志强，洪涛.中小企业技术创新风险预警系统构建研究[J].科学管理研

究，2008（6）：5-8.

[75] 王海刚，陈钢.我国科技型中小企业技术创新风险分析及防范探析[J].陕西科技大学学报（自然科学版），2012，30（6）：151-154.

[76] 彭纪生，吴林海.论技术协同创新模式及建构[J].研究与发展管理，2000（5）：12-16.

[77] 陈劲，王方瑞.再论企业技术和市场的协同创新——基于协同学序参量概念的创新管理理论研究[J].大连理工大学学报（社会科学版），2005（2）：1-5.

[78] 张波.中小企业协同创新模式研究[J].科技管理研究，2010（2）：5-7.

[79] 辛冲.企业组织与技术的协同创新研究[J].研究与发展管理，2011，23（1）：37-43.

[80] 谢雨鸣，邵云飞.后发企业技术发展与其协同创新模式的演化[J].研究与发展管理，2013（6）：103-113.

[81] 张在群.政府引导下的产学研协同创新机制研究[D]. 大连：大连理工大学，2013：38-41.

[82] 李京晶.产学研协同创新运行机制研究[D]. 武汉：武汉理工大学，2013：55-64.

[83] 邱建华.企业技术协同创新的运行机制及绩效研究[D]. 长沙：中南大学，2013：68-90.

[84] 张琰飞.新兴技术研发主体间协同创新效应实现机制研究[D]. 长沙：中南大学，2014：35-37.

[85] 孟卫东，佟林杰. 我国三螺旋创新理论研究综述[J]. 燕山大学学报（哲学社会科学版），2013（4）：126-130.

[86] 陈红喜.基于三螺旋理论的政产学研合作模式与机制研究[J].科技进步与对策，2009，26（24）：6-8.

[87] 边伟军，罗公利.基于三螺旋模型的官产学合作创新机制与模式[J].科技管理研究，2009，29（2）：4-6.

[88] 徐珏，于丽英.产业集群成长中的官产学三重螺旋关系演变分析[J].科技管理研究，2010，30（11）：92-95.

[89] 陈静，林晓言.基于三螺旋理论的我国技术转移新途径分析[J].技术经济，2008，27（7）：1-5.

[90] 孙耀吾，赵雅.技术标准化三螺旋结构模型与实证研究[J].科学学研究，2009，27（5）：734-736.

[91] 饶凯，孟宪飞.政府研发投入对中国大学技术转移合同的影响——基于三螺旋理论的视角[J].科学学与科学技术管理，2012，33（8）：74-76.

[92] 张凌，刘桐旭.高校与企业合作技术创新风险评价[J].科学经济社会，2010（3）：86-89.

[93] 包国宪，任世科.基于三层次双维度评价体系的产学研结合技术创新风险实证研究[J].科技进步与对策，2010，27（7）：1-5.

[94] 胡慧玲，杜栋.基于AHP灰色综合理论的产学研协同创新项目风险评价[J].项目管理技术，2014（6）：20-24.

[95] 沈云慈.产学研协同创新风险指标体系探析[J].教育发展研究，2014（9）：46-51.

[96] 谈毅. 风险与收益相匹配：产学研协同创新的必由之路——以宝钢集团为案例[J]. 中国高校科技，2014（12）：42-45.

[97] 郭韧，李朝明.企业协同知识创新的风险识别与评价[J].运筹与管理，2011（3）：181-185.

[98] 刘丽贤，李鹏.供应链成员协同知识创新风险研究[J].技术经济与管理研究，2012（6）：28-31.

[99] 王秀红.基于 QFD 的组织协同知识创新风险研究[J].科学学研究，2012（4）：575-580.

[100] 李霞，宋素玲.协同创新的风险分摊与利益分配问题研究[J].科技进步与对策，2008（12）：15-17.

[101] 陆立军，郑小碧. 产业集群技术创新风险控制机制研究[J].科技进步与对策，2009（10）：65-68.

[102] 杜勇，黄庆华，张卫国. 战略性新兴产业微观主体协同创新风险控制机制研究[J]. 科技进步与对策，2014（12）：54-59.

[103] 李林，贾佳仪. 基于合作博弈的协同创新项目的风险分担[J].社会科学

家，2015（3）：64-68.

[104] Haken H，Wunderlin A，Yigitbasi S . An Introduction to Synergetics[J]. Open Systems & Information Dynamics，1995，3（1）：97-130.

[105] Pai D C，Tseng C Y，Liou C H. Collaborative Innovation in Emerging Economies：Case of India and China[J]. Innovation：Organization & Management，2012：1312-1339.

[106] 佟林杰，孟卫东.发展中国家三螺旋创新系统构建探论[J].理论导刊，2013（5）：91-93.

[107] 李坤，于渤，李清均.高端装备制造业成长的理论分析：基于三维螺旋式技术协同创新的视角[J].学习与探索，2013（11）：108-111.

[108] 杜勇，黄庆华，张卫国. 战略性新兴产业微观主体协同创新风险控制机制研究[J].科技进步与对策，2014（12）：54-59.

[109] 王元明，赵道致，徐大海.基于风险传递的项目型供应链风险控制研究[J].软科学，2008（12）：1-13.

[110] 许立达，樊瑛，狄增如.自组织理论的概念、方法和应用[J].上海理工大学学报，2011，33（2）：130-137.

[111] 魏选平，卞树檀. 故障树分析法及其应用[J].电子产品可靠性与环境试验，2004（3）：43-45.

[112] 陈若晴. 财务报表分析方法及其改进[J].财会月刊，2010，(28)： 10-11.

[113] 崔会敏. 高等院校利益冲突风险因素辨识与评估过程分析[J]. 河南社会科学，2014，22（3）：11-16.

[114] 海姆斯. 风险建模评估和管理[M].2版.西安：西安交通大学出版社，2007.

[115] 宁连举，李萌. 基于因子分析法构建大中型工业企业技术创新能力评价模型[J]. 科研管理，2011（3）：51-58.

[116] 陈琦，梁万年，孟群.结构方程模型及其应用[J].中国卫生统计，2004，21（2）：7-11.

[117] 王英，韩传峰.基于隐变量分析的高校质量评估模型构建[J].科技资讯，2007（33）：161-162.

[118] 李煜华，王月明，胡瑶瑛. 基于结构方程模型的战略性新兴产业技术创新影响因素分析[J]. 科研管理，2015，36（8）：10-17.

[119] 熊珍琴，肖新成. 中部地区 FDI、技术溢出与区域创新能力——基于结构方程模型的实证研究[J]. 福建论坛（人文社会科学版），2013（12）：108-113.

[120] 张立华. 基于结构方程模型的河北省企业技术创新能力评价[J]. 河北联合大学学报（社会科学版），2013，13（2）：31-34.

[121] 刘荣.企业合作创新风险的识别、传导与评估研究[D]. 大连：大连理工大学，2010：62-84.

[122] 何斌，杨春燕，蔡文.可拓数学与矛盾问题[J].大自然探索，1997，16（4）：40-43.

[123] 蔡文，杨春燕.可拓学的基础理论与方法体系[J].科学通报，2013，58（13）：1190-1199.

[124] 杨春燕，蔡文.可拓集中关联函数研究进展[J].广东工业大学学报，2012，29（2）：7-14.

[125] 杨春燕，蔡文.基于可拓集的可拓分类知识获取研究[J].数学的实践与认识，2008，38（16）：184-191.

[126] 蔡文，杨春燕.可拓学基础理论研究的新进展[J].中国工程科学，2003（2）：80-87.

[127] 杨春燕，蔡文.可拓集合及其应用研究[J].数学的实践与认识，2002，5（2）：301-308.

[128] 蔡文，杨春燕.可拓学的应用研究、普及与推广[J].数学的实践与识，2010，40（7）：214-220.

[129] Pryor，John. Are you mitigating risk？[J]. Managing Intellectual Property, 2006（161）：97-97.

[130] 李晓峰. 企业技术创新风险测度与决策及其预控研究[D]. 成都：四川大学，2005：169-212.

[131] 李彤，曹海峰. 基于不确定测度及积分的民航空管运行风险决策模型研

究[J]. 运筹与管理，2014（2）：153-157.

[132] 程铁军，吴凤平，李锦波. 基于累积前景理论的不完全信息下应急风险决策模型[J].系统工程，2014（4）：70-75.

[133] 毛华配，廖传景. 动态决策模型下情绪对风险决策的影响[J]. 心理与行为研究，2014（2）：244-248.

[134] 杜元伟，段万春，孙永河. 基于整体判断的多层风险决策模型[J]. 控制与决策，2012（6）：861-870.

[135] 董正国，王凭慧. 基于区间贝叶斯模型的科技项目风险决策[J]. 系统工程，2012，30（8）：123-126.

[136] 王鹏，王政委. 基于效用的目标分配贝叶斯风险决策模型研究[J]. 舰船电子工程，2012，32（11）：87-89.

[137] 郑涛. 区间型贝叶斯风险决策模型及其应用[J]. 统计与决策，2010（15）：171-172.

[138] 孟卫东，佟林杰.三螺旋视阈下外部资金对高校学术创新绩效影响因素的实证研究[J].中国科技论坛，2014（3）：30-36.

[139] 佟林杰.河北省科技创新政策实施效果模糊综合评价研究[J].中国集体经济，2018，579（31）：100-101.

[140] 佟林杰，盖宏伟.基于蚁群优化的企业技术创新资源配置问题研究[J].数学的实践与认识，2018，48（12）：98-102.

[141] 佟林杰.京津冀区域科技创新协同机制构建研究[J].河北地质大学学报，2017，40（4）：95-99.

[142] 佟林杰，孟卫东.基于 PSR-PCA 模型的京津冀区域大气环境治理绩效评价实证研究[J].数学的实践与认识，2017，47（11）：16-25.

[143] 佟林杰.基于可拓物元模型的技术协同创新风险评价研究——基于企业主体的视角[J].数学的实践与认识，2017，47（9）：35-42.

[144] 佟林杰，孟卫东.河北省装备制造产业发展的灰色关联分析[J].数学的实践与认识，2017，47（1）：85-89.

[145] 佟林杰，孟卫东.国内企业技术协同创新风险研究综述[J].西安石油大学

学报(社会科学版)，2016，25（5）：9-16.

[146] 佟林杰.国外企业技术协同创新风险研究综述[J].重庆科技学院学报（社会科学版），2016，227（4）：26-30.

[147] 佟林杰，孟卫东.基于企业成长视角的三螺旋创新网络研究[J].石家庄经济学院学报，2014，37（2）：92-96.

[148] 佟林杰，孟卫东，郭沛.学术生态视角下研究生学术创新激励机制异化及治理研究[J].学位与研究生教育，2014（3）：62-66.

[149] 佟林杰.三螺旋角色互动对区域产业集群的影响研究——以丹麦风能产业为例[J].荆楚学刊，2014，15（1）：75-80.

[150] 佟林杰，孟卫东.基于三螺旋理论的区域人才共享模式构建[J].科技管理研究，2014，34（2）：93-95.

[151] 孟卫东，佟林杰.我国三螺旋创新理论研究综述[J].燕山大学学报（哲学社会科学版），2013，14（4）：126-130.

[152] 佟林杰，孟卫东.发展中国家三螺旋创新系统构建探论[J].理论导刊，2013（5）：91-93.

附　　录

附录 1　企业技术协同创新风险管理研究调查问卷表

各位朋友:

您好!

首先，感谢您在工作之余参与此份问卷的填写。由于本人著作部分章节的研究需要详实的数据作支撑，因此，期望您能在百忙之中帮忙完成此项问卷的调查。本人保证此次调查所收集的所有数据仅用于学术研究，绝对不会用于其他用途。

备注：本调查问卷的打分标准分为五个层次：基本没有影响为[0，2]，影响较小为（2，4]，影响程度一般为（4，6]，影响明显为（6，8]，具有破坏性影响为（8，10]。

风险因素	风险子因素	评分值
政策风险	协同创新政策（A_1）	
	政治稳定性（A_2）	
	宏观经济形势（A_3）	
	知识产权制度（A_4）	
市场风险	知识产权确权率（A_5）	
	技术行业标准认定率（A_6）	
	成果市场转化率（A_7）	
	市场需求变动（A_8）	

（续表）

风险因素	风险子因素	评分值
市场风险	竞争者创新速度（A_9）	
	企业营销和推广能力（A_{10}）	
财务风险	创新主体出资比重（A_{11}）	
	资金预算执行率（A_{12}）	
	资金链稳定性（A_{13}）	
	创新成本的控制（A_{14}）	
	突发事件应急反应能力（A_{15}）	
管理风险	协同管理组织机构（A_{16}）	
	风险管理专业化水平（A_{17}）	
	项目可行性论证与规划（A_{18}）	
	组织内的权限分配（A_{19}）	
	信息的共享与传递（A_{20}）	
	技术协同创新项目负责人水平（A_{21}）	
	技术协同创新人员的待遇（A_{22}）	
技术风险	创新团队高级人才比重（A_{23}）	
	协同创新资源的匹配程度（A_{24}）	
	技术创新协作能力（A_{25}）	
	技术协同创新周期（A_{26}）	
	技术创新项目难度（A_{27}）	
	成果的可替代性（A_{28}）	
道德风险	创新成果知识产权分配（A_{29}）	
	各创新主体间信任程度（A_{30}）	
	各创新主体自利行为（A_{31}）	
	技术协同创新的社会责任（A_{32}）	
	创新各主体利益分配（A_{33}）	

附录 2 “X1215”项目风险测评调查问卷表

您好！

首先，感谢您在工作之余参与此份问卷的填写。由于本人毕业论文相关的实证研究选取的河北钢铁集团宣钢股份有限公司与北京科技大学合作的“X1215 环保型易切削钢生产技术开发与应用”（简称：X1215），研究需要详细的数据作为支撑，因此，期望曾作为参与人员的您能在百忙之中完成此项问卷的调查。本人保证此次调查所收集的所有数据仅用于学术研究，绝对不会用于其他用途。

备注：本调查问卷打分标准分为五个层次：基本没有影响为[0，2]，影响较小为（2，4]，影响程度一般为（4，6]，影响明显为（6，8]，具有破坏性影响为（8，10]。

风险因素	风险子因素	评分值
政策风险	协同创新政策 A_1	
	宏观经济形势 A_2	
	知识产权制度 A_3	
市场风险	知识产权确权率 A_4	
	技术行业标准认定率 A_5	
	成果市场转化率 A_6	
	竞争者创新速度 A_7	
财务风险	创新主体出资比 A_8	
	资金预算执行率 A_9	
	资金链稳定性 A_{10}	
	突发事件应急反应能力 A_{11}	
管理风险	风险管理专业化水平 A_{12}	
	项目可行性论证与规划 A_{13}	
	技术协同创新信息共享与传递 A_{14}	
	技术协同创新项目负责人水平 A_{15}	

（续表）

风险因素	风险子因素	评分值
技术风险	创新团队高级人才比重 A_{16}	
	技术创新协作能力 A_{17}	
	创新项目难度 A_{18}	
	成果的可替代性 A_{19}	
道德风险	创新成果知识产权分配 A_{20}	
	各创新主体间信任程度 A_{21}	
	各创新主体自利行为 A_{22}	
	创新各主体利益分配 A_{23}